Beck/Wachtler

Trainingsmodul Leistungserstellungsprozesse für Industriekaufleute

Industrielle Geschäftsprozesse (GP 3)

Trainingsmodul Leistungserstellungsprozesse für Industriekaufleute

Industrielle Geschäftsprozesse (GP 3)

Von

Dipl.-Hdl. Karsten Beck und

Dipl.-Hdl. Michael Wachtler

4., aktualisierte Auflage

ISBN 978-3-470-**59194**-0 · 4., aktualisierte Auflage 2020

Kiehl ist eine Marke des NWB Verlags

Satz: Röser MEDIA GmbH & Co. KG, Karlsruhe
Druck: Elanders GmbH, Waiblingen

Vorwort

Die Trainingsmodule ermöglichen angehenden Industriekaufleuten ein individuelles Lernen in unterschiedlichen Fachgebieten. Sie enthalten zu jedem Thema das für die Prüfung notwendige Wissen, zeigen Lösungswege für prüfungstypische Aufgabenstellungen auf und ermöglichen zu jeder Zeit der Ausbildung ein persönliches Wissenstraining mit Aufgaben unterschiedlicher Schwierigkeitsstufen.

- Im **Wissensteil** finden Sie die Inhalte, die für die Prüfung wichtig sind.
- Im **Lernteil** erfahren Sie, wie Sie an Aufgabenstellungen herangehen und
- im **Trainingsteil** können Sie üben und Ihren Wissensstand jederzeit kontrollieren.

Beachten Sie dazu bitte auch den **Benutzerhinweis** auf Seite 6.

Im Rahmen des Prüfungsfachs „Industrielle Geschäftsprozesse“ beschäftigt sich dieser Band speziell mit dem Lernfeld „Leistungserstellungsprozesse“. Wichtige Themen sind dabei der Produktentstehungsprozess, die Produktionsprogrammplanung, Fertigungsverfahren bzw. Fertigungsorganisation, Qualitätsmanagement und Rationalisierung.

Wir wünschen Ihnen eine erfolgreiche Ausbildung und freuen uns auf ein Feedback.

Karsten Beck
Michael Wachtler
Erlangen, im Sommer 2020

Benutzerhinweis

Der Aufbau der Trainingsmodule

Die Trainingsmodule für Industriekaufleute folgen einem modernen Lernkonzept. Durch die Zerlegung des gesamten Stoffs der dreijährigen Ausbildung in einzelne Module können sich Auszubildende individuell vorbereiten und ihr eigenes Lernprogramm zusammenstellen. Für jedes Prüfungsfach gibt es mehrere Module zu unterschiedlichen Themen. Jeder Band enthält einen Wissensteil, einen Lernteil und einen Trainingsteil.

WISSEN

Der Wissensteil zeigt, was zum jeweiligen Thema gehört, strukturiert den Stoff und enthält in kompakter und übersichtlicher Form nur die Lerninformationen, die der Leser für die Prüfung braucht.

LERNEN

Im Lernteil erfährt der Leser, wie er aus dem Labyrinth möglicher Aufgabenstellungen herausfindet, worauf er achten muss, wie er beim jeweiligen Thema an Aufgaben und Fälle herangeht und wo mögliche Stolpersteine liegen können.

TRAINIEREN

Der Trainingsteil enthält Fragen, Aufgaben und Fälle auf unterschiedlichen Niveaustufen und in unterschiedlicher Methodik, z. B. offene Wissensfragen, Multiple-Choice-Aufgaben, Zuordnungsaufgaben, Rechenbeispiele, Situationsaufgaben und komplexe Fälle einschließlich deren Lösung.

Die Symbole

Die folgenden Symbole erleichtern Ihnen die Arbeit mit diesem Buch.

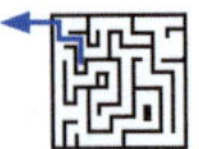

LABYRINTH

Dieses Symbol führt Sie zu den Antworten auf die zentralen Fragen eines Themas oder einer Aufgabenstellung.

MERKE

Die Hand macht auf wichtige Merksätze oder Definitionen aufmerksam.

STOLPERSTEIN

Immer wenn das Ausrufezeichen auftaucht, ist Vorsicht geboten. Es zeigt typische Stolpersteine oder Fehler, die Prüflinge immer wieder begehen.

TIPP

Hier finden Sie nützliche Zusatzinformationen und Hinweise.

INHALT

SEITE

Industrielle Geschäftsprozesse

Leistungserstellungsprozesse (GP 3)

INHALT

SEITE

INHALT

SEITE

I. Entstehung und Schutz neuer Produkte

Dieses Kapitel beschäftigt sich mit folgenden Fragestellungen:

- Wie entstehen neue Produkte? Hierbei wird der Produktentstehungsprozess von der Ideenfindung bis zum verkaufsfähigen Erzeugnis betrachtet.
- Wie können Erfindungen vor Nachahmung und unerwünschter Nutzung durch Dritte rechtlich geschützt werden?

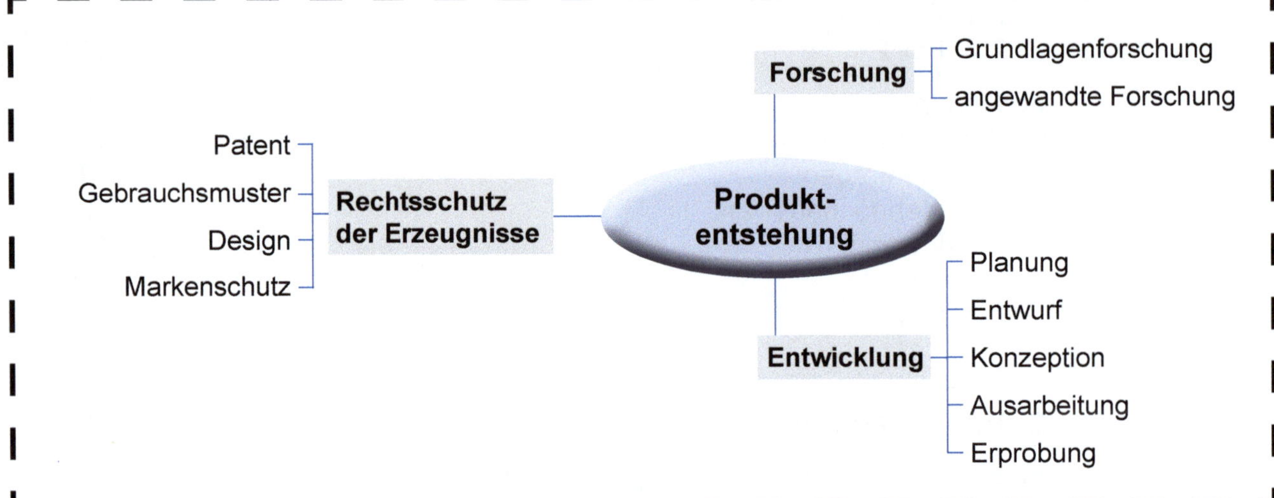

1. Produktentstehungsprozess

Was muss ich für die Prüfung wissen?

1.1 Forschung

- **Grundlagenforschung:** Die Grundlagenforschung dient der Gewinnung bzw. Erweiterung wissenschaftlicher Erkenntnisse. Die technische Anwendung steht nicht im Vordergrund der Forschungsaktivitäten. Grundlagenforschung wird vor allem an Universitäten sowie gemeinnützigen Forschungsorganisationen (z. B. Max-Planck-Gesellschaft e. V.) betrieben. Sie bildet die Basis für die angewandte Forschung und Entwicklung.
- **Angewandte Forschung:** Sie dient der Lösung konkreter technischer Probleme und soll wirtschaftlich verwertbare Ergebnisse liefern. Angewandte Forschung findet an Hochschulen, Unternehmen der freien Wirtschaft sowie Forschungsinstituten (z. B. Fraunhofer-Gesellschaft) statt.

1.2 Entwicklung

Die Entwicklung hat die Aufgabe, marktreife Produkte bzw. Verfahren hervorzubringen.

Im Rahmen des Entwicklungsprozesses entstehen die für die Fertigung notwendigen Unterlagen (Konstruktionszeichnungen, Stücklisten etc.) und das Produkt wird erprobt.

- **Lastenheft:** Darin werden die Anforderungen des Auftraggebers an den Auftragnehmer im Hinblick auf die zu erbringenden Leistungen festgelegt.
- **Pflichtenheft:** Vertraglich bindende Beschreibung durch den Auftragnehmer, wie die Anforderungen des Lastenheftes technisch realisiert werden sollen.
- **Konstruktionszeichnung:** Grafische Darstellung des Produktes in Form einer technischen Zeichnung unter Angabe von Maßen, Toleranzen, Werkstoffen etc.
- **Computer Aided Design (CAD):** Computergestütztes Konstruieren; mithilfe von CAD-Programmen werden am Bildschirm zwei- oder dreidimensionale Zeichnungen bzw. bewegte Bilder erstellt.
- **Stückliste:** Verzeichnis aller Komponenten eines Produktes unter Angabe von Teilebezeichnung, Teilenummer und Mengen gemäß der Konstruktionszeichnung; man unterscheidet Mengenübersichtsstückliste, Baukastenstückliste, Strukturstückliste (vgl. Trainingsmodul Beschaffungsprozesse (GP 2), Kapitel 2.2).
- **Rezeptur:** Entwicklungsergebnis bei chemischen bzw. pharmazeutischen Produkten; sie enthält z. B. Einsatzstoffe und -mengen sowie chemische Reaktionen.
- **Modell:** Vereinfachtes Abbild des geplanten Produktes (z. B. Designmodell einer Autokarosserie).
- **Muster:** Detailgetreue Anfertigung des späteren Endprodukts; hier stehen i. d. R. die Form und die materiellen Eigenschaften des Erzeugnisses im Vordergrund (z. B. bei Textilien, Spritzgussteilen etc.).
- **Prototyp:** Erstes voll funktionsfähiges Versuchsmodell eines geplanten Produktes; hier geht es neben Form und materiellen Eigenschaften vor allem um technische Funktionen (z. B. im Maschinenbau, Fahrzeugbau etc.).
- **Nullserie:** Die sog. „Nullserie“ (Vorserie oder Pilotserie) ist die erste kleine Serie, die produziert wird. Sie dient der letzten Überprüfung, um Fehler, die durch das Fertigungsverfahren bedingt sind, beseitigen zu können und eine störungsfreie Produktion zu gewährleisten.
- **Standardisierung:** Vereinheitlichung von Werkstoffen, Teilen, Baugruppen, Endprodukten und Verfahren.
- **Normung:** Vereinheitlichung von Einzelteilen im Hinblick auf technische Eigenschaften (z. B. Abmessungen, Form, Farbe, Qualität etc.).
- **Typung:** Vereinheitlichung von Fertigerzeugnissen oder Aggregaten hinsichtlich Art, Größe und Ausführungsform.
- **Baukastenprinzip:** Verwendung gleicher Baugruppen (Module, Aggregate) in unterschiedlichen Kombinationen in verschiedenen Endprodukten.

Was erwartet mich in der Prüfung?

1. Das Lernlabyrinth

Industriebetriebe sind im Normalfall weniger auf die Forschung, sondern in erster Linie auf die Entwicklung konkreter marktreifer Produkte fokussiert. Dabei stellen sich folgende Kernfragen:

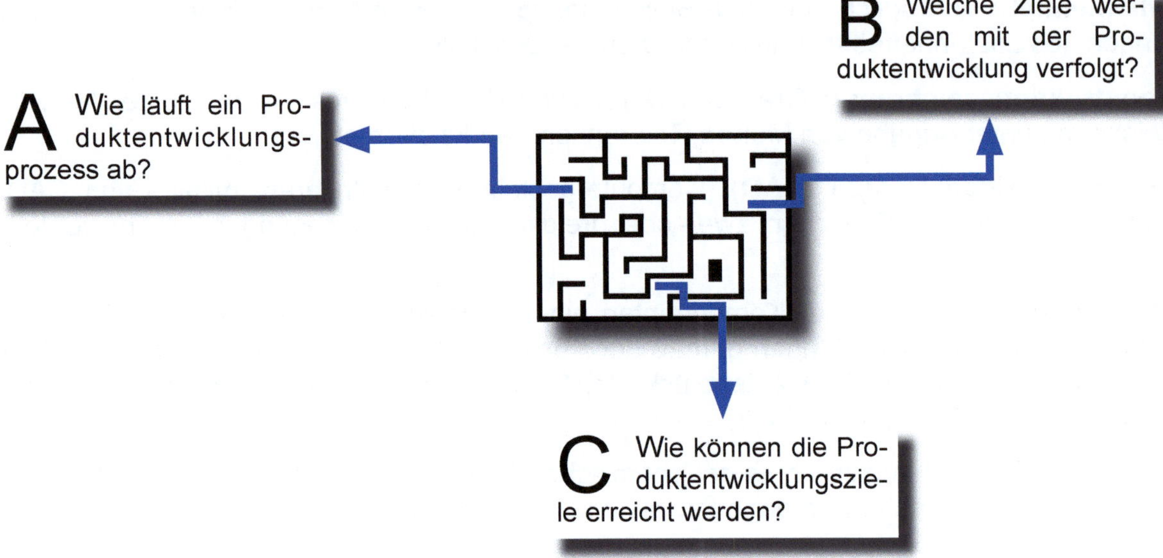

2. Wege aus dem Labyrinth

A Wie läuft ein Produktentwicklungsprozess ab?

Wie die Entwicklung neuer Produkte abläuft, hängt sehr stark von der Art der Produkte ab, die hergestellt werden sollen. Bei Spezialmaschinen und Anlagen ist der Entwicklungsprozess besonders zeitintensiv, weil kein Produkt dem anderen gleicht und die technologische Komplexität enorm hoch ist. Bei der Entwicklung von Produkten für die Serienfertigung (z. B. Autos) müssen neben der Konstruktion des Produktes auch geeignete Fertigungsverfahren geplant und getestet werden. Bei reinen Softwareprodukten wiederum spielen fertigungstechnische Aspekte kaum eine Rolle, dafür ist der Programmieraufwand höher.

Der dargestellte Ablauf eines Produktentwicklungsprozesses geht von einer Serienfertigung aus:

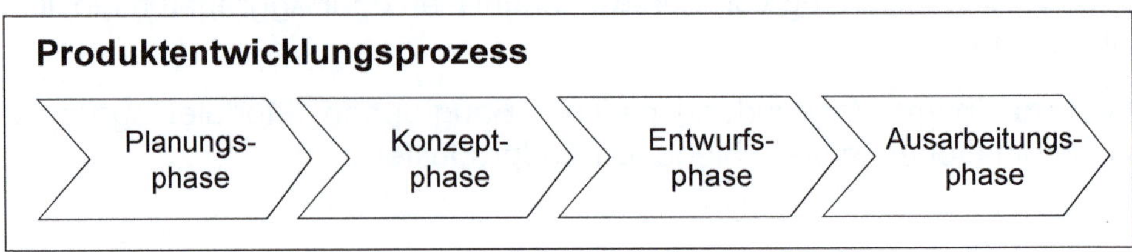

1. Planungsphase:

In der Planungsphase werden grundlegende Eigenschaften und Funktionen des Produktes bestimmt. Im Falle einer Produktentwicklung im eigenen Auftrag sind u. a. folgende Fragen zu beantworten:

- Welchen Nutzen soll das neue Produkt dem Käufer bringen?
- Welche Vorgaben der Kunden sind zu beachten?
- Wodurch soll sich das Produkt von der Konkurrenz abheben?
- Wann soll das neue Produkt auf den Markt gebracht werden?

Ist ein konkreter Kundenauftrag Auslöser für einen Entwicklungsprozess, so muss das vom Kunden aufgestellte Lastenheft beachtet werden. Auf dessen Basis erstellt der Auftragnehmer das Pflichtenheft.

Treten zwischen Lasten- und Pflichtenheft Diskrepanzen auf, so müssen diese vor Vertragsabschluss gemeinsam geklärt werden, um spätere Komplikationen im Produktentwicklungsprozess zu vermeiden.

2. Konzeptphase:

Die Gesamtaufgabe wird in unterschiedliche Teilfunktionen zerlegt. Für jede Teilfunktion wird nach Lösungsmöglichkeiten gesucht.

Beispiel: Entwicklung einer neuen Waschmaschine

Gesamtfunktion: „Wäsche waschen"
Zerlegung in die Teilfunktionen „Wasser erwärmen", „Waschmittel zuführen", „Trommel drehen" etc.

An der Realisierung der verschiedenen Teilfunktionen kann nun parallel und somit zeitsparend gearbeitet werden.

3. Entwurfsphase:

Die Lösungsmöglichkeiten der Konzeptphase werden nun detaillierter ausgestaltet. Skizzen werden angefertigt, Modelle erstellt, Simulationen durchgeführt. Am Ende wird aus den unterschiedlichen Lösungsvarianten eine fertige Lösung.

Beispiel:

- Das Design der Waschmaschine wird skizziert.
- Ein Designmodell der Waschmaschine wird angefertigt, um die Optik beurteilen zu können.
- Die Funktionsweise einer neuen Waschtrommel wird simuliert.

4. Ausarbeitungsphase:

Im nächsten Schritt müssen die für die Fertigung erforderlichen Unterlagen erstellt werden. Hierzu zählen vor allem Konstruktionszeichnungen und Stücklisten. In der Entwurfs- und Ausarbeitungsphase kommen CAD-Techniken zum Einsatz.

Beispiel: Für die neue Waschmaschine werden Konstruktionszeichnungen und Stücklisten erstellt.

Noch zur Ausarbeitungsphase gehört die **Erprobung**:

Auf Grundlage der Konstruktionszeichnung werden Prototypen angefertigt, um zu testen, inwieweit das Produkt die geforderten Funktionen und Eigenschaften erfüllen kann. Stellen sich bei der Erprobung Fehler heraus, müssen Konstruktionszeichnungen und Stücklisten ggf. geändert werden.

Mit einer Nullserie wird getestet, inwieweit das Fertigungsverfahren, Maschinen, Werkzeuge und sonstige Vorrichtungen für eine störungsfreie Serienfertigung geeignet sind. Verläuft dieser Test positiv, kann die Serienproduktion für den Absatzmarkt beginnen.

Beispiel: Ein Prototyp der neuen Waschmaschine wird in Einzelfertigung gebaut. Nachdem der Prototyp alle Tests bestanden hat, werden 10 Waschmaschinen in Serienfertigung zu Testzwecken produziert (Nullserie).

Zusammenfassung: Die Phasen des Produktentwicklungsprozesses

Phase	Ziel	Ergebnis
Planungsphase	Aufgabenstellung klären	Pflichtenheft
Konzeptphase	Lösungsmöglichkeiten finden	Lösungsprinzipien
Entwurfsphase	konkrete Lösung gestalten	Skizzen, Modelle, Simulationen
Ausarbeitungsphase	Fertigungsunterlagen erstellen	Fertigungsunterlagen (Konstruktionszeichnungen, Stücklisten etc.)
	Produkt für die Markteinführung und Serienfertigung erproben	Prototypen, Nullserie

B Welche Ziele werden mit der Produktentwicklung verfolgt?

a) Innovative Produkte für den Absatzmarkt hervorbringen

Neue Produkte sollen i. d. R. eine Steigerung des Absatzes bzw. die Erzielung höherer Preise bewirken. Folgende Punkte sind im Hinblick auf den Absatzmarkt zu beachten:

- Was wünschen die Kunden?
- Welche technischen Standards sind durch Konkurrenzprodukte vorgegeben?
- Wo sind Marktnischen, die noch nicht durch Konkurrenzprodukte abgedeckt werden?
- Welche Zielgruppe soll mit dem neuen Produkt erreicht werden?
- Wann wird das neue Produkt auf dem Absatzmarkt benötigt?

b) Produktqualität sichern bzw. verbessern

Qualitativ hochwertige Produkte werden in nahezu allen Branchen von den Kunden vorausgesetzt. Die Qualität des späteren Produktes wird bereits in seiner Entwicklungsphase entscheidend beeinflusst. Auswirkungen auf die Produktqualität ergeben sich vor allem durch

- die Komplexität des Produktionsprozesses: Komplizierte Fertigungs- und Montageprozesse stellen eine häufige Fehlerquelle dar.
- die Qualität der verwendeten Werkstoffe: Geringwertige Materialien führen öfter zu materialbedingten Fehlern und Sachmängeln.
- die Erprobung: Je intensiver ein neues Produkt getestet wird, umso geringer ist die Wahrscheinlichkeit, dass fehlerhafte Produkte auf den Markt gelangen.

c) Vereinfachung und Beschleunigung von Prozessen ermöglichen (Standardisierung)

Standardisierte Prozesse ermöglichen schnellere Durchlaufzeiten und Lieferzeiten sowie die Vermeidung von Fehlern. Standardisiert werden sollen vor allem

- der Fertigungsprozess (Teilefertigung) sowie
- der Montageprozess (Zusammensetzung der Teile zum Endprodukt).

Man spricht in diesem Zusammenhang von fertigungsgerechter Produktentwicklung (Design for Manufacture) und montagegerechter Produktentwicklung (Design for Assembly).

d) Kosteneinsparungen ermöglichen (Design to Cost)

Ein erheblicher Teil der späteren Kosten wird bereits in der Entwicklungsphase bestimmt, da im Rahmen der Produktentwicklung auch die erforderlichen Werkstoffe und Fertigungsverfahren festgelegt werden. Zu den beeinflussbaren Kosten zählen u. a.:

- Materialkosten
- Lagerkosten
- Rüstkosten
- Werkzeugkosten
- Montagekosten etc.

e) Produkte umweltgerecht gestalten (Ökoeffizienz)

Für viele Kunden ist die Umweltverträglichkeit von Produkten ein wichtiges Kriterium bei der Auftragsvergabe. Zudem müssen umweltrelevante Gesetze und Verordnungen (z. B. Bundes-Immissionsschutzgesetz, Kreislaufwirtschafts- und Abfallgesetz etc.) beachtet werden. Die umweltgerechte Produktgestaltung sollte alle Phasen des Produktlebenszyklus von der Entwicklung bis zum Ende der Nutzungsdauer bereits beim Entwurf des Produktes einbeziehen. Dazu gehören

- ressourcenschonender Materialeinsatz
- umweltschonender Produktionsprozess
- umweltfreundliche Nutzung des Produktes
- umweltgerechte Verwertung bzw. Entsorgung.

In welchem Verhältnis stehen die verschiedenen mit der Produktentwicklung angestrebten Ziele zueinander?

1. Zielkonflikte:

Einige Ziele lassen sich nur schwer vereinen.
Beispiel: Kostensenkung – Produktqualität
Um die Qualität zu gewährleisten, sollen hochwertige Materialien eingesetzt werden. Diese sind jedoch teurer, sodass die Materialkosten steigen.

2. Komplementäre Ziele:

Bestimmte Zielsetzungen harmonieren miteinander.
Beispiel: Standardisierte Prozesse helfen, Fehler zu vermeiden und Zeit zu sparen. Dadurch verringern sich einerseits die Fehlerfolgekosten und Fertigungslöhne, andererseits steigt die Qualität der Produkte.

Achtung: Entwicklungsaufwand und Entwicklungserfolg müssen in einem angemessenen Verhältnis zueinander stehen.

Durch lange Entwicklungszeiten werden nicht nur hohe Entwicklungskosten verursacht – auch die Absatzchancen des Produktes verringern sich, da in der Zwischenzeit evtl. schon Konkurrenzprodukte auf den Markt gekommen sind und eine Marktführerschaft dann nur noch sehr schwer möglich ist.

Andererseits führen zu kurze Entwicklungszeiten dazu, dass unausgereifte Produkte auf den Markt gebracht werden. Die Folge: teure Rückrufaktionen, Reparaturen, Nachentwicklungen und Imageverlust.

C Wie können die Produktentwicklungsziele erreicht werden?

Entwicklungsziel	Maßnahmen	Beispiele
Innovative Produkte	Kunden bereits in die Produktentwicklung einbinden	Ärzte bei der Entwicklung medizintechnischer Geräte
Produktqualität	Prototypen, Tests, Vorserien	Fahrdynamik-Test bei Autos („Elchtest")
	Einsatz hochwertiger Werkstoffe	verzinktes Metall statt unverzinktes
	Lieferanten in den Entwicklungsprozess einbeziehen (technologische Kooperationen)	Automobilhersteller und Zulieferer von Türsystemen
Prozesse vereinfachen und beschleunigen	Standardisierung (Normung, Typung, Baukastensystem)	Einsatz von Baugruppen in der Autoproduktion
	Fertigungs- und Montagegerechte Produktentwicklung	Kleben statt zeitintensives Verschrauben
Kostensenkung	Einsatz kostengünstiger Werkstoffe	Kunststoff statt Metall
	moderne Fertigungsverfahren	Einsatz von Robotern

Ökoeffiziente Produkte	Auswahl umweltgerechter Werkstoffe	Naturfasern statt Kunststoff
	Energie- und Ressourceneinsparung im Fertigungsprozess	Einsatz energiesparender Maschinen
	emissionsarme und energieeffiziente Nutzung des Produktes	geringer Treibstoffverbrauch bei Fahrzeugen
	entsorgungs- und demontagefreundliche Konstruktion	Einsatz recyclingfähiger Kunststoffe

Standardisierung ist ein sehr weitläufiger Begriff und umfasst eine Vielzahl an Einzelmaßnahmen.

Standardisierungsform	Vorteile	Beispiele
Normung (Vereinheitlichung von Einzelteilen)	• vereinfachte Einkaufsabwicklung und Lagerhaltung durch Reduzierung der Teilevielfalt • günstigere Beschaffung (Preise, Konditionen) • einfachere Ersatzteilbeschaffung • schnelle Identifikation der Teile	Papiergrößen, Schraubennormen
Typung (Vereinheitlichung von Fertigerzeugnissen)	• vereinfachte Lagerhaltung, Beschaffung und Distribution • geringere Rüstkosten • einfacherer Kundendienst • übersichtlichere Produktpalette	Motorentypen, Rechnertypen (Computerindustrie)
Baukastenprinzip (flexible Kombination gleicher Baugruppen)	• vereinfachte Beschaffung und Lagerhaltung • vereinfachter Montageprozess • Beschleunigung des Produktionsprozesses • vereinfachte Reparaturen durch Austausch der fehlerhaften Komponenten	Automobilindustrie: Einspritzsysteme, Sitze, Navigationssysteme etc. Computerindustrie: Prozessoren, DVD-Laufwerke, Grafikkarten etc.

Produktentwicklung ist Teamarbeit!

Damit möglichst alle wichtigen Aspekte Berücksichtigung finden, wird bei der Produktentwicklung i. d. R. teamorientiert gearbeitet.

Neben den Entwicklungsingenieuren sollten deshalb noch weitere Personen aus anderen Fachbereichen in den Produktentwicklungsprozess einbezogen werden:

- Kaufleute ⇒ Wie hoch sind die Kosten für die neuen Produkte?
- Vertriebsmitarbeiter, Händler bzw. Kunden ⇒ Welche Kundenwünsche müssen berücksichtigt werden?
- Einkäufer ⇒ Inwieweit können die benötigten Werkstoffe beschafft werden?
- Produktionsplaner ⇒ Inwieweit lassen sich die Produktideen fertigungstechnisch umsetzen?
- Qualitätsmanagement ⇒ Welche Qualitätsstandards sind zu beachten?
- Lieferanten ⇒ Inwieweit ist ein Technologietransfer mit dem Lieferer erforderlich?

So trainiere ich für die Prüfung

Aufgaben

1. Wissensfragen

1.1 Lernfragen

1. Erläutern Sie den Unterschied zwischen Grundlagenforschung und angewandter Forschung.

2. Welcher Zusammenhang besteht zwischen Lastenheft und Pflichtenheft?

3. Nennen Sie zwei Unterlagen, die in der Ausarbeitungsphase des Entwicklungsprozesses erstellt werden.

4. Erklären Sie den Nutzen eines CAD-Programmes im Rahmen des Produktentwicklungsprozesses.

5. Welchen Zweck erfüllt die sog. „Nullserie“?

6. Nennen Sie zwei Beispiele für teilebezogene Normen.

7. Erläutern Sie anhand eines Beispiels, wie die Produktentwicklung zur Ökoeffizienz beitragen kann.

8. Führen Sie zwei Vorteile des Baukastensystems an.

1.2 Mehrfachauswahl

Kreuzen Sie eine oder mehrere richtige Lösungen an.

1. In welcher Zeile wird der Begriff „Typung“ als Standardisierungsform zutreffend beschrieben?

   a) Produktionsverfahren werden im Hinblick auf den Einsatz gleichartiger Maschinen vereinheitlicht.

   b) Es werden gleichartige Komponenten eingekauft, die zu verschiedenen Varianten von Endprodukten kombiniert werden können.

   c) Durch die Vereinheitlichung von Endprodukten auf wenige Ausführungsformen wird die Produktpalette übersichtlicher.

   d) Einzelteile werden im Hinblick auf ihre Abmessungen vereinheitlicht.

   e) Viele verschiedene Varianten eines Endproduktes werden zu einheitlichen Preisen angeboten.

2. In welchen Fällen findet das „Baukastenprinzip“ Anwendung?

a) Ein komplettes Bremssystem kann in mehrere Modelle eines Autoherstellers eingebaut werden.

b) Eine Möbelfabrik führt in ihrem Lager 300 verschiedene Schraubentypen, die für insgesamt 120 verschiedene Produkte verwendet werden.

c) Ein Maschinenbauer bezieht im Jahr 1.000 Tonnen Stahl für die Teilefertigung.

d) Ein Textilunternehmen bezieht 10 Tonnen Baumwolle, die für insgesamt 25 verschiedene Textilprodukte benötigt wird.

e) Ein Sportwagenhersteller lässt auf Sonderwunsch eines Kunden ein spezielles Lenkrad aus Tropenholz entwerfen. Das Lenkrad ist ein Unikat.

f) Ein Computerhersteller bezieht von einem Zulieferer Festplatten, die in insgesamt fünf verschiedene Rechnermodelle eingebaut werden können.

3. Welche der folgenden Maßnahmen der Produktentwicklung eines Handyherstellers steht mit dem Ziel der Qualitätssicherung in einem offensichtlichen Konflikt?

a) Durch den Bezug kompletter Baugruppen sollen Montagekosten gespart werden.

b) Die Handys werden demontagefreundlich konstruiert, um eine umweltgerechte Verwertung bzw. Entsorgung zu ermöglichen.

c) Die Produktpalette soll auf wenige Handymodelle reduziert werden.

d) Aus Kostengründen wird für das Handygehäuse nicht mehr Aluminium, sondern Kunststoff verwendet.

e) Durch Prototypen und Vorserien konnten Entwicklungsfehler aufgedeckt werden.

4. Ein Zulieferbetrieb wird von einem Automobilhersteller mit der Entwicklung eines neuen Schaltgriffes beauftragt. Bringen Sie die folgenden Schritte zur Entwicklung des neuen Schaltgriffes in die richtige Reihenfolge.

Bearbeitungsschritt	**Reihenfolge (Ziffer 1 bis 5)**
Prototypen herstellen	
Konstruktionszeichnung und Stücklisten erstellen	
Skizze anfertigen und Design-Modell aus Silikon erstellen	
Nullserie fertigen	
Pflichtenheft erstellen	

2. Fallsituation

Die Medimax GmbH, ein Hersteller von Zahnarztsesseln und Operationstischen, möchte die Produktentwicklung neu organisieren. Das Produktentwicklungsteam besteht aus drei Ingenieuren aus den Bereichen Medizintechnik, Werkstoffwissenschaften und Elektrotechnik, die alleine für die Entwicklungsarbeit zuständig sind. Die Produkte sind technisch auf dem neuesten Stand und heben sich durch ihre Funktionsvielfalt von den meisten Konkurrenzprodukten ab. Die Produktion ist durch eine hohe Fertigungstiefe gekennzeichnet. Es werden überwiegend Kleinteile und Rohmaterialien eingekauft.

Der Geschäftsleitung machen vor allem folgende Probleme große Sorgen:

- Die Produktentwicklungszeiten liegen deutlich über denen der stärksten Konkurrenten.
- Die Qualität an sich wird nur in sehr seltenen Fällen bemängelt, jedoch wird oft „am Markt vorbei entwickelt“: Viele Kliniken und Ärzte sind mit den Produkten nicht zufrieden, da sie zahlreiche unnötige Funktionen enthalten.
- Der relativ hohe Preis der Produkte schreckt zahlreiche potenzielle Kunden ab. Doch eine Preissenkung ist wegen der hohen Kosten kaum möglich.
- Einkauf, Disposition und Lagerhaltung sind sehr umständlich, da viele verschiedene Teile und Materialien beschafft, disponiert und gelagert werden müssen.
- Die Lieferzeiten sind höher als in der Branche üblich, was u. a. an der langen Produktionszeit liegt.

a) Erläutern Sie zwei Nachteile, die lange Produktentwicklungszeiten mit sich bringen.

b) Die Geschäftsleitung möchte die Produktentwicklungszeiten möglichst schnell auf die Hälfte der Produktentwicklungszeit der stärksten Konkurrenten verkürzen. Erklären Sie der Geschäftsleitung, mit welchen Gefahren dies verbunden ist.

c) Schlagen Sie zwei Maßnahmen vor, mithilfe derer die in der Situation genannten Probleme gelöst werden könnten. Begründen Sie Ihre Vorschläge.

Lösungen

1. Wissensfragen

1.1 Lernfragen

1. Grundlagenforschung dient der Gewinnung bzw. Erweiterung wissenschaftlicher Erkenntnisse. Die technische Anwendung steht nicht im Vordergrund der Forschungsaktivitäten.

Angewandte Forschung dient der Lösung konkreter technischer Probleme und soll wirtschaftlich verwertbare Ergebnisse liefern.

2. Im Lastenheft werden die Anforderungen des Auftraggebers an den Auftragnehmer im Hinblick auf die zu erbringenden Leistungen festgelegt. Im Pflichtenheft beschreibt der Auftragnehmer, wie die Anforderungen des Lastenheftes technisch realisiert werden sollen.

3. Konstruktionszeichnung, Stückliste

4. CAD (Computer Aided Design) ermöglicht computerunterstütztes Konstruieren in Form von zwei- oder dreidimensionalen Zeichnungen bzw. bewegten Bildern. Die Zeichnungen können gespeichert werden und stehen in digitaler Form für die weitere Verwendung (z. B. für Konstruktionsänderungen oder im Produktionsprozess) zur Verfügung.

5. Die Nullserie stellt eine Art Testlauf für die Serienfertigung dar. Anhand einer kleinen Serie, die noch nicht für den Absatzmarkt bestimmt ist, sollen Fehler, die durch das Fertigungsverfahren bedingt sind, aufgedeckt und beseitigt werden.

6. Beispiele: Papiergrößen (DIN A4 etc.), Schraubennormen

7. Beispiel: Für die Herstellung von Polstermöbeln bestimmt die Produktentwicklung einen möglichst hohen Anteil von Naturfaserstoffen (z. B. Jute, Flachs etc.) als Füllstoff. Hierbei handelt es sich um nachwachsende Rohstoffe. Ihr Verbrauch hat keinen dauerhaften Abbau von Ressourcen zur Folge.

8. Vereinfachter Montageprozess
Vereinfachter Beschaffungsprozess durch geringere Teilevielfalt

1.2 Mehrfachauswahl

1. **c**

Typung ist die Vereinheitlichung von Fertigerzeugnissen oder Aggregaten hinsichtlich Art, Größe und Ausführungsform.

b) entspricht dem Baukastensystem.
d) entspricht der Normung.

2. **a** und **f**

b) Schrauben sind keine Baugruppen, sondern Hilfsstoffe.
c) und d) Hier handelt es sich nicht um Baugruppen, sondern um Rohstoffe.
e) Da das Lenkrad ein Unikat ist, kann es nicht in mehreren Endprodukten eingesetzt werden.

3. **d**
Aluminium ist qualitativ hochwertiger als Kunststoff.

a), b) und c) kein unmittelbarer negativer Einfluss auf die Produktqualität
e) Prototypen und Vorserien dienen der Erprobung und wirken sich eher positiv auf die Produktqualität aus.

4.

Bearbeitungsschritt	**Reihenfolge (Ziffer 1 bis 5)**
Prototypen herstellen	**4**
Konstruktionszeichnung und Stücklisten erstellen	**3**
Skizze anfertigen und Design-Modell aus Silikon erstellen	**2**
Nullserie fertigen	**5**
Pflichtenheft erstellen	**1**

2. Fallsituation

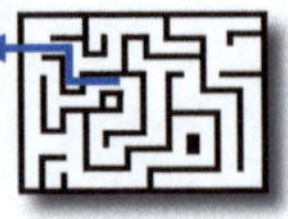

B

a)

Zu lange Produktentwicklungszeiten schmälern die Absatzchancen, da evtl. schon vergleichbare Konkurrenzprodukte auf den Markt gekommen sind.

Zu lange Produktentwicklungszeiten führen zu erhöhten Entwicklungskosten.

B

b)

Die Vorgabe einer extrem verkürzten Entwicklungszeit könnte dazu führen, dass technisch unausgereifte Produkte mit sog. „Kinderkrankheiten" auf den Markt gebracht werden. Wird z. B. aus Zeitgründen auf eine umfassende Erprobung durch Prototypen, Vorserien und Tests verzichtet, können manche Fehler nicht mehr rechtzeitig aufgedeckt werden. Die Folgen wären Imageverlust beim Kunden, aufwendige Reparaturen, teure Nachentwicklungen etc.

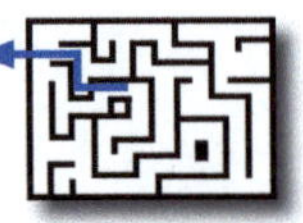

C

c)

Interdisziplinäre Produktentwicklungsteams: Kunden (z. B. Ärzte), Vertriebsmitarbeiter, Kaufleute, Produktionsplaner, Einkäufer und Lieferanten sollten in die Produktentwicklung einbezogen werden. Kunden könnten z. B. darüber informieren, welche Funktionen die Produkte im Praxiseinsatz erfüllen müssen und welche Funktionen nicht unbedingt benötigt werden. Kaufleute könnten die Kosten kalkulieren und kontrollieren, Produktionsplaner die fertigungstechnische Umsetzung der Entwicklungsideen beurteilen, Einkäufer die Beschaffung der notwendigen Werkstoffe planen. Lieferanten können ihre Bauteile auf das neue Produkt abstimmen und ggf. eigene Ideen einbringen.

Baukastensystem: Werden verstärkt komplette Baugruppen (z. B. Beleuchtungssystem, Sessel, Tischplatten etc.) von Lieferanten bezogen, könnte sich die Produktion der Medimax GmbH hauptsächlich auf die Endmontage konzentrieren. Einkauf, Disposition und Lagerhaltung wären aufgrund der geringeren Teilevielfalt ebenfalls erheblich einfacher. Die Produktionszeit und auch die Lieferzeit lassen sich durch das Baukastenprinzip verkürzen.

2. Rechtsschutz der Erzeugnisse

Was muss ich für die Prüfung wissen?

2.1 Arten von gewerblichen Schutzrechten

Schutzrecht	Patent	Gebrauchsmuster	Design	Marke
Gegenstand	technische Erfindungen (Produkte und Verfahren)	technische Erfindungen (keine Verfahren)	ästhetische Gestaltungsform von Erzeugnissen (Design, Farbe, Form)	Kennzeichen von Waren oder Dienstleistungen eines Unternehmens (z. B. Wörter, Buchstaben, Zahlen, Abbildungen, aber auch Farben und Hörzeichen)
Voraussetzungen	• Neuheit • erfinderische Tätigkeit • gewerbliche Anwendbarkeit	• Neuheit • erfinderischer Schritt • gewerbliche Anwendbarkeit	• Neuheit • Eigenart	kein Verstoß gegen absolute Schutzhindernisse (z. B. mangelnde Unterscheidungskraft, Irreführung, Verwendung von Hoheitszeichen etc.)
Erteilungsverfahren	• Anmeldung beim Deutschen Patent- und Markenamt (DPMA) bzw. Europäischen Patentamt (EPA) in München • Prüfung • Eintragung in das Patentregister und Veröffentlichung im Patentblatt • Einspruchsfrist (3 Monate)	• Anmeldung beim DPMA in München • formale Prüfung • Eintragung in das Gebrauchsmusterregister	• Anmeldung beim DPMA in München bzw. Harmonisierungsamt für den Binnenmarkt (HABM) in Alicante (Spanien) • formale Prüfung • Eintragung in das Designregister und Veröffentlichung im Designblatt	• Anmeldung beim DPMA bzw. HABM in Alicante (Spanien) • Prüfung auf absolute Schutzhindernisse • Eintragung in das Markenregister und Veröffentlichung im elektronischen Markenblatt • Einspruchsfrist (3 Monate)
Schutzdauer	max. 20 Jahre	3 bis max. 10 Jahre	5 bis max. 25 Jahre	10 Jahre, unbegrenzt verlängerbar
Rechtliche Grundlage	Patentgesetz (PatG)	Gebrauchsmustergesetz (GebrMG)	Designgesetz (DesignG)	Markengesetz (MarkenG)

2.2 Wirkung gewerblicher Schutzrechte

Ein Schutzrecht verleiht dem Inhaber das alleinige Recht zur wirtschaftlichen Verwertung des geschützten Objektes. Es dient insbesondere zum Schutz vor Nachahmung durch Wettbewerber. Im Falle von Schutzrechtsverletzungen kann der Inhaber Ansprüche auf Unterlassung und ggf. Schadensersatz gegenüber dem Verletzer geltend machen.

Was erwartet mich in der Prüfung?

1. Das Lernlabyrinth

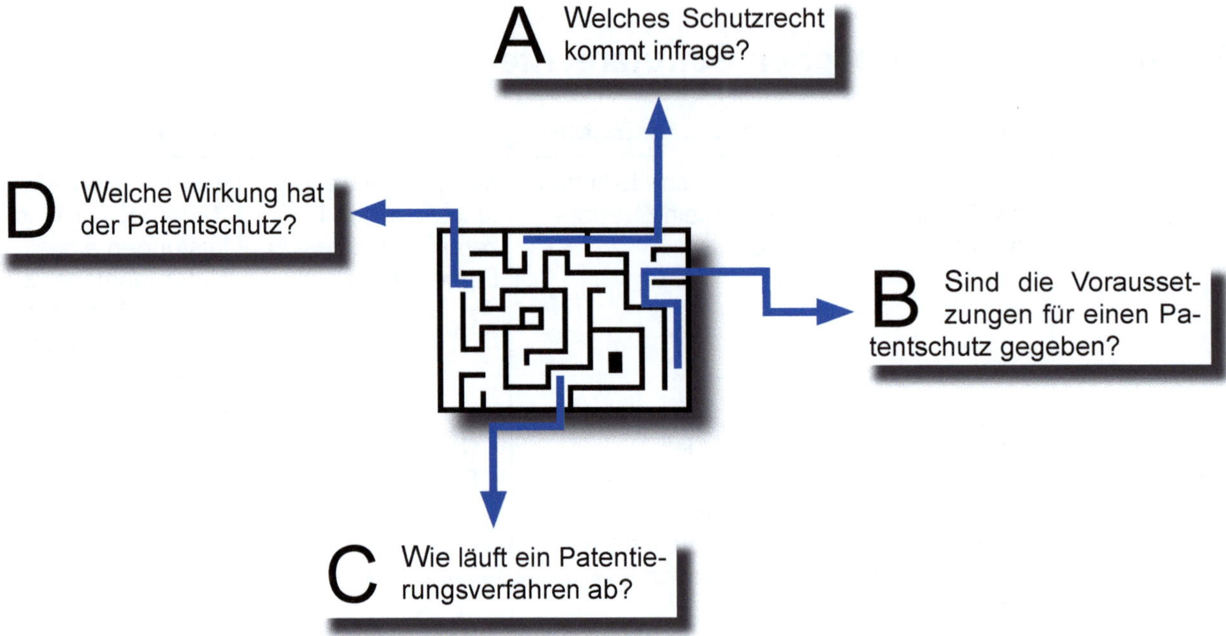

2. Wege aus dem Labyrinth

A Welches Schutzrecht kommt infrage?

Entscheidend ist, welche Art von Gegenstand geschützt werden soll.

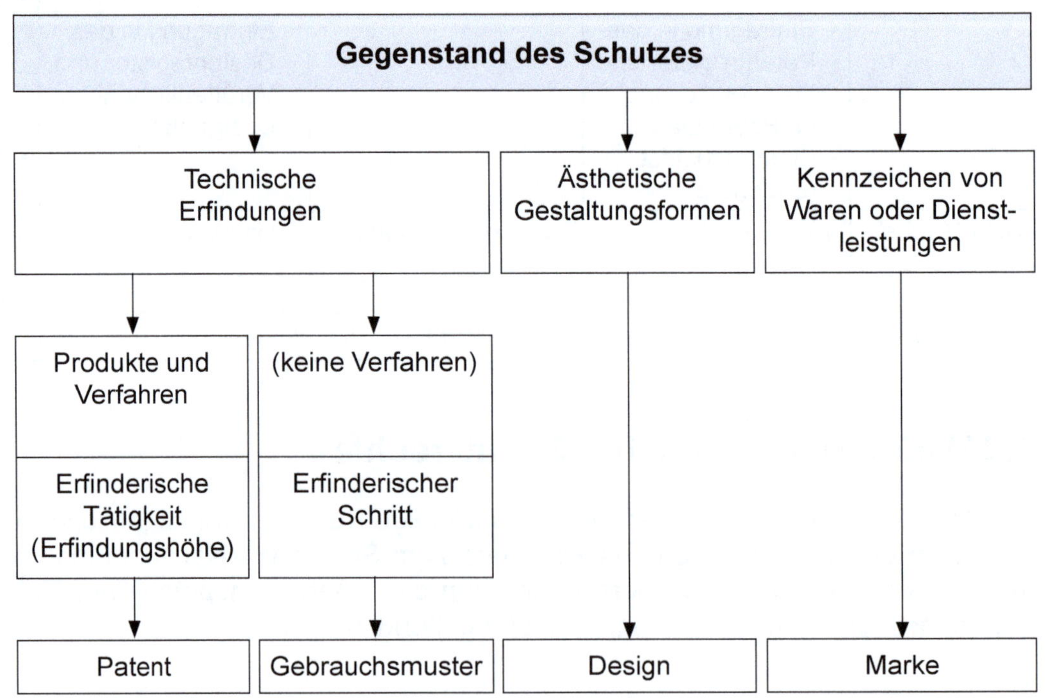

1. Wodurch unterscheidet sich ein Patent vom Gebrauchsmuster?

Sowohl Patente als auch Gebrauchsmuster beziehen sich auf **technische Erfindungen**. Im Gegensatz zum Gebrauchsmuster können als Patent neben Produkten auch **Verfahren** (z. B. Produktionsverfahren) geschützt werden. Außerdem stellt das Patent höhere Mindestanforderungen an die erfinderische Leistung (siehe B: Voraussetzungen des Patentschutzes).

Während eine Patentanmeldung mehrere Jahre dauern kann, wird das Gebrauchsmuster meist schon wenige Wochen nach der Anmeldung eingetragen.

In der Praxis gilt das Gebrauchsmuster daher als eine schnelle und kostengünstigere Alternative zum Patent. Zu beachten ist jedoch die geringere Schutzdauer eines Gebrauchsmusters gegenüber dem Patent.

2. Wodurch unterscheidet sich ein Design von einer Marke?

In beiden Fällen können zum Teil die gleichen Objekte geschützt werden. Der Unterschied besteht darin, dass es sich bei einer Marke um **Kennzeichen** handelt, die geeignet sind, Waren oder Dienstleistungen eines Unternehmens von denjenigen anderer Unternehmen zu unterscheiden, was bei einem Design nicht so sein muss.

Beispiel 1: Ein Tapetenhersteller entwickelt ein neues Tapetenmuster. Das Tapetenmuster ist kein typisches Erkennungsmerkmal, anhand dessen man eindeutig auf die Unternehmung schließen könnte.

⇒ Ein Schutz als Design ist möglich, ein Markenschutz hingegen nicht.

Beispiel 2: Ein bekannter Hersteller von Erfrischungsgetränken erfindet ein neues Flaschendesign, das für seine Produkte typisch ist.

⇒ Für das Flaschendesign kommen sowohl Marken- als auch Designschutz infrage.

B Sind die Voraussetzungen für einen Patentschutz gegeben?

Für den Produktionsprozess spielt von allen Schutzrechten das Patent die wichtigste Rolle, da sowohl industrielle Erzeugnisse als auch die eingesetzten Produktionsverfahren patentrechtlich geschützt werden können.

Für die Patentierbarkeit einer Erfindung müssen folgende Voraussetzungen erfüllt sein:

1. Neuheit

Eine Erfindung ist neu, wenn sie nicht zum Stand der Technik gehört. Der Stand der Technik umfasst alle Kenntnisse, die weltweit vor der Anmeldung der betreffenden Erfindung in jeder erdenklichen Weise der Öffentlichkeit zugänglich waren (z. B. durch Bücher, Zeitschriften, Patente, Ausstellungen, Fachtagungen etc.).

2. Erfinderische Tätigkeit

Erfinderische Tätigkeit heißt, dass sich die Neuerung in ausreichendem Maß vom Stand der Technik abheben muss. Geringfügige Weiterentwicklungen bestehender Produkte oder Verfahren sind somit nicht patentierbar.

3. Gewerbliche Anwendbarkeit

Sie ist gegeben, wenn die Erfindung auf irgendeinem gewerblichen Gebiet einschließlich der Landwirtschaft hergestellt oder benutzt werden kann. Verfahren zur chirurgischen oder therapeutischen Behandlung des menschlichen oder tierischen Körpers und ärztliche Diagnoseverfahren gelten als nicht gewerblich anwendbar.

4. Technische Erfindung

Ein Patent wird nur auf technische Erfindungen erteilt. Was eine technische Erfindung ist, wird im Patentgesetz nicht definiert.

Nicht als technische Erfindung anzusehen und somit nicht patentierbar sind:

- Entdeckungen
- wissenschaftliche Theorien
- mathematische Methoden
- ästhetische Formschöpfungen
- Pläne, Regeln und Verfahren für gedankliche Tätigkeiten, für Spiele oder für geschäftliche Tätigkeiten
- sowie Programme für Datenverarbeitungsanlagen und die Wiedergabe von Informationen.

Weiterhin vom Patentschutz ausgeschlossen sind:

- Erfindungen, die gegen die guten Sitten oder die öffentliche Ordnung verstoßen
- Tierarten und Pflanzensorten.

Sonderfall Software:

Programme für Datenverarbeitungsanlagen und die reine Wiedergabe von Informationen sind nach dem Deutschen Patentgesetz grundsätzlich nicht patentierbar.

Software-Patente sind unter bestimmten Umständen möglich! Wenn sich eine technische Wirkung ergibt, die über das bloße Ablaufen in einem Computer hinausgeht und dabei ein technisches Problem gelöst wird, kann auch Software patentrechtlich geschützt werden.

Patentierbar sind demnach z. B. Programme zur Verringerung des Stromverbrauchs eines Handys oder ein Code, mit dem Feuchtigkeitswerte in einer Waschmaschine ausgewertet werden können. Nicht patentierbar hingegen ist z. B. ein Programm zur Auffindung von Rechtschreibfehlern.

Schutz von Software durch Urheberrecht: Computerprogramme genießen unabhängig von ihrer Patentierbarkeit weltweit urheberrechtlichen Schutz (Copyright). In Deutschland gelten diesbezüglich die Bestimmungen des Urheberrechtsgesetzes (UrhG).

C Wie läuft ein Patentierungsverfahren ab?

Der Weg zum Patent

Patent-anmeldung → Patent-prüfung → Offen-legung → Patent-erteilung

1. Patentanmeldung

Beim DPMA in München ist ein Antrag auf Patenterteilung zu stellen. Um die Erfindung deutlich und vollständig darzustellen, müssen neben dem Anmeldeformular weitere Unterlagen eingereicht werden:

- Technische Beschreibung der Erfindung
- Patentanspruch (Welche technischen Merkmale sollen geschützt werden?)
- evtl. Zeichnungen
- etc.

Das DPMA führt zunächst eine Vorprüfung des Antrags durch:

⇒ Wurden die notwendigen Formvorschriften eingehalten?

⇒ Liegen offensichtliche Patentierungshindernisse vor? (z. B. keine technische Erfindung …)

Patente möglichst frühzeitig anmelden! Zögern Sie die Anmeldung eines Patentes nicht unnötig hinaus. Ansonsten steigt das Risiko, dass Ihre Erfindung bereits vor der Anmeldung bekannt wird und damit nicht mehr als „neu" gilt.

Rechtzeitig Informationen über bestehende Patente einholen! Um zu vermeiden, dass viel Aufwand in eine Erfindung gesteckt wird, von der sich anschließend herausstellt, dass sie nicht mehr neu ist, sollte man frühzeitig in den öffentlichen Patentdatenbanken recherchieren. Dort lässt sich ersehen, ob eine vergleichbare Erfindung nicht bereits von einer anderen Person als Patent angemeldet worden ist.

2. Patentprüfung

Besteht die Anmeldung die Vorprüfung erfolgreich, kann ein Antrag auf Prüfung des Patents gestellt werden. Die Erfindung wird dann vom DPMA sachlich auf Patentierbarkeit (Neuheit, gewerbliche Anwendbarkeit und erfinderische Tätigkeit) geprüft. Dieses Prüfverfahren kann über 2 Jahre dauern. Erfüllt die angemeldete Erfindung die Anforderungen des Patentgesetzes nicht, muss sie zurückgewiesen werden.

3. Offenlegung

Wenn eine Erfindung beim DPMA angemeldet wird, bleibt sie zunächst 18 Monate lang geheim. 18 Monate nach dem Anmeldetag wird die Erfindung in Form einer Offenlegungsschrift veröffentlicht, auch wenn kein Prüfantrag gestellt wurde bzw. das Prüfverfahren noch nicht abgeschlossen ist. Die Offenlegungsschrift dient der Information der Öffentlichkeit darüber, was in nächster Zeit an fremden Schutzrechten auf sie zukommt und schützt Mitbewerber vor Doppelentwicklungen. In der Regel erfolgt die Offenlegung noch vor der Patenterteilung.

4. Patenterteilung

Stellt sich während des Prüfverfahrens heraus, dass die Erfindung die Kriterien der Patentierbarkeit erfüllt, erteilt das DPMA ein Patent. Die Patenterteilung erscheint im Patentblatt, es wird eine Patentschrift veröffentlicht und es erfolgt ein Eintrag im Patentregister.

Einspruchsfrist! Erst wenn innerhalb von 3 Monaten nach Veröffentlichung der Patentschrift niemand Einspruch einlegt, wird das Patent endgültig rechtskräftig.

Patentanwalt einschalten! Die Anmeldung eines Patentes ist ein komplexer Vorgang, der Expertenwissen erfordert. In der Regel sollte hierfür ein Patentanwalt zur Beratung und Vertretung hinzugezogen werden.

Verfahrensdauer und Kosten beachten! Für die Patentierung einer Erfindung muss mit einer langen Verfahrensdauer (ca. 2 bis 2,5 Jahre) und mit hohen Kosten gerechnet werden. Die Anmeldegebühren steigen mit zunehmender Schutzdauer. Außerdem sind die Kosten für einen Patentanwalt zu berücksichtigen.

Bevor man ein Patent anmeldet, sollte man daher sorgfältig überlegen,

- ob der Nutzen der Patentierung den hohen Aufwand rechtfertigt
- oder stattdessen der kostengünstigere und schnellere Gebrauchsmusterschutz sinnvoller erscheint
- oder vielleicht ganz auf einen gewerblichen Rechtsschutz verzichtet werden soll.

Was ist, wenn ein Arbeitnehmer eine Erfindung gemacht hat? In diesem Fall muss der Arbeitnehmer seinem Arbeitgeber die Erfindung schriftlich melden. Der Arbeitgeber hat dann die Möglichkeit, die Erfindung innerhalb von vier Monaten für sich zu beanspruchen und z. B. ein Patent anzumelden. Ansonsten hat der Arbeitgeber den Anspruch auf die Erfindung verloren und der Arbeitnehmer kann darüber frei verfügen.

D Welche Wirkung hat der Patentschutz?

1. Welche Vorteile ergeben sich für den Patentinhaber?

a) Alleiniges Verfügungsrecht

Der Inhaber eines Patentes hat das alleinige Verfügungsrecht über die Erfindung.

Dritten ist es demnach verboten, das Erzeugnis herzustellen, anzubieten (z. B. zu verkaufen), in Verkehr zu bringen oder zu gebrauchen bzw. ein geschütztes Verfahren anzuwenden.

Daraus ergeben sich folgende Effekte:

⇒ Schutz vor Nachahmung durch Wettbewerber und „Produktpiraterie“
⇒ Schutz vor ungewünschter Nutzung durch andere Unternehmen (z. B. Nutzung von Produktionsverfahren durch Konkurrenten)

Verstöße gegen den Patentschutz sind strafbar! Der Patentinhaber hat die Möglichkeit, seine Ansprüche auf Unterlassung und evtl. Schadensersatz gerichtlich im Rahmen eines Zivilprozesses durchzusetzen. Vorsätzliche Patentverletzungen sind sogar ein Straftatbestand.

b) Imagefunktion

Patente sind ein Zeichen für Innovationskraft. Viele Unternehmen veröffentlichen z. B. die Zahl ihrer Patente in Geschäftsberichten etc.

c) Lizenzvergabe

Der Patentinhaber kann Dritten die Verwertung der Erfindung erlauben, indem er ihnen eine Lizenz erteilt. Im Gegenzug erhält er vom Lizenznehmer Einnahmen in Form von Lizenzgebühren.

2. Für welche Länder gilt der Patentschutz?

Patente gelten nur in dem Land, für das sie erteilt werden! Vom DPMA erteilte Patente gelten somit für die Bundesrepublik Deutschland.

Beispiel: Ein Bremsenhersteller hat vom DPMA ein Patent auf ein neues Bremssystem erhalten.

$\Rightarrow$ Das geschützte Bremssystem darf nun innerhalb Deutschlands weder hergestellt noch verkauft werden. Es ist jedoch nicht ausgeschlossen, dass das gleiche Bremssystem im Ausland hergestellt und verkauft werden kann.

Europäischer und internationaler Patentschutz: Soll der Patentschutz über Deutschland hinausgehen, gibt es folgende Vereinfachungsmöglichkeiten:

- **Europäisches Patenterteilungsverfahren:** Die Anmeldung hierfür erfolgt über das EPA in München. Grundlage hierfür ist das Europäische Patentübereinkommen (EPÜ), dem u. a. alle Länder der Europäischen Union angehören. Ein europäisches Patent kann für die Vertragsstaaten des EPÜ beantragt werden.
- **Internationale Anmeldung nach PCT:** Die Anmeldung erfolgt hierbei beim DPMA für die Vertragsstaaten des Patentzusammenarbeitsvertrages (PCT). Das DPMA übermittelt die Anmeldung an die Weltorganisation für Geistiges Eigentum (WIPO). Diese steuert das weitere internationale Verfahren, das letztlich zu einer Vielzahl einzelner nationaler Schutzrechte führt.

Einen weltweiten Patentschutz mit nur einer einzigen Anmeldung gibt es nicht.

3. Wie lange gilt der Patentschutz?

Die maximale Laufzeit eines Patents beträgt grundsätzlich **20 Jahre** ab dem Anmeldetag.

Allerdings sind ab dem dritten Jahr Gebühren zu zahlen, die mit fortschreitender Dauer des Patents ansteigen.

So trainiere ich für die Prüfung

Aufgaben

1. Wissensfragen

1.1 Lernfragen

1. Zählen Sie vier Arten von gewerblichen Schutzrechten auf.
2. Nennen Sie drei Voraussetzungen für die Patentierbarkeit eines Erzeugnisses.
3. Erläutern Sie den Unterschied zwischen einem Patent und einem Gebrauchsmuster.
4. Nennen Sie drei Beispiele für Objekte, die durch ein Design geschützt werden können.
5. Unter welcher Bedingung können Zeichen markenrechtlich geschützt werden?
6. Welche Institution ist für die Erteilung eines Patentes in Deutschland zuständig, und wo hat diese ihren Sitz?
7. Führen Sie drei positive Effekte eines Patentschutzes für den Patentinhaber an.

1.2 Mehrfachauswahl

1. Welche Aussage zum Patentschutz nach dem Deutschen Patentgesetz ist zutreffend?
   a) Durch Patente können ausschließlich Erzeugnisse geschützt werden.
   b) Durch die Anmeldung beim Deutschen Patent- und Markenamt kann ein weltweiter Patentschutz erlangt werden.
   c) Die Dauer des Patentschutzes ist unbegrenzt verlängerbar.
   d) Software kann grundsätzlich durch Patente geschützt werden.
   e) Nach der Veröffentlichung der Patentschrift können Dritte innerhalb von drei Monaten Einspruch gegen die Patenterteilung einlegen.

2. Welche Aussage zum Design ist richtig?
   a) Verfahren können durch Design geschützt werden.
   b) Die Schutzdauer eines Designs ist unbegrenzt verlängerbar.
   c) Rezepturen von Lebensmitteln sind Design.
   d) Ästhetische Gestaltungsformen können durch ein Design geschützt werden.
   e) Ein Design muss eine technische Erfindung sein.

3. Für welche der folgenden Erfindungen kommt ein Patentschutz nach dem Deutschen Patentgesetz nicht infrage?
   a) eine neue Einspritztechnologie für Dieselmotoren
   b) ein neues Firmenlogo

c) ein neuartiges Beschichtungsverfahren für Metalloberflächen
d) eine neue Software zur Steuerung einer CNC-Drehmaschine
e) eine neues Computerprogramm für den Datentransfer mit dem Internet
f) ein neues Design für das Gehäuse eines Handys
g) ein neues Arzneimittel gegen Halsschmerzen

4. Ein Arbeitnehmer macht eine Erfindung. Bringen Sie die verschiedenen Vorgänge, die auf dem Weg zur Patentierung zu vollziehen sind, in die richtige Reihenfolge.

Vorgang	**Reihenfolge (Ziffer 1 bis 6)**
18 Monate nach dem Anmeldetag wird die noch nicht patentierte Erfindung in einer Offenlegungsschrift veröffentlicht.	
Der Arbeitnehmer meldet die Erfindung seinem Arbeitgeber.	
Das erteilte Patent wird in das Patentregister eingetragen.	
Das Patentamt führt eine Vorprüfung des Patentantrags durch.	
Die Erfindung wird vom Patentamt im Hinblick auf die sachlichen Voraussetzungen der Patentierbarkeit geprüft.	
Der Arbeitgeber reicht beim Patentamt einen Antrag auf Patenterteilung ein.	

2. Fallsituation

Die Automatisierungstechnik GmbH hat ein neuartiges Verfahren zur vollautomatischen Bestückung von Leiterplatten entwickelt. Die Geschäftsleitung hat Bedenken, dass Konkurrenzunternehmen das neu entwickelte Verfahren nachahmen könnten, und möchte die Erfindung in Deutschland schützen.

a) Welches gewerbliche Schutzrecht kommt hierfür infrage? Begründen Sie Ihre Entscheidung.
b) Wie müsste die Automatisierungstechnik GmbH konkret vorgehen, um dieses gewerbliche Schutzrecht zu erlangen?
c) Wie lange kann das neue Verfahren maximal geschützt werden?

Lösungen

1. Wissensfragen

1.1 Lernfragen

1. Patent, Gebrauchsmuster, Design, Marke

2. Neuheit, erfinderische Tätigkeit, gewerbliche Anwendbarkeit, (evtl. noch Technizität)

3. Als Patent können neben Produkten auch Verfahren (z. B. Produktionsverfahren) geschützt werden. Das Patent stellt höhere Ansprüche an die erfinderische Leistung. Die Erteilung eines Gebrauchsmusterschutzes erfolgt i. d. R. schneller und kostengünstiger als die eines Patentes, die Schutzdauer ist geringer.

4. Tapetenmuster, äußere Form einer Flasche, Gestaltungsform eines Möbelstückes

5. Die Zeichen müssen geeignet sein, Waren oder Dienstleistungen eines Unternehmens von denjenigen anderer Unternehmen zu unterscheiden.

6. Das Deutsche Patent- und Markenamt in München.

7.
- Schutz vor Nachahmung durch Wettbewerber
- Imagegewinn (Patente als Indikator für Innovationskraft)
- Möglichkeit der Lizenzvergabe (Einnahme von Lizenzgebühren).

1.2 Mehrfachauswahl

1. e

a) Auch Verfahren können durch Patente geschützt werden.
b) Weltweiter Patentschutz ist durch eine einzelne Anmeldung nicht möglich.
c) Patentschutz max. 20 Jahre
d) Software kann nur unter bestimmten Umständen durch Patente geschützt werden.

2. d

a) c) Verfahren und Rezepturen können als Patent geschützt werden.
b) Schutzdauer eines Designs: max. 25 Jahre
e) Ein Patent bzw. Gebrauchsmuster muss eine technische Erfindung sein.

3. b, e, f

b) Ein Firmenlogo ist keine technische Erfindung (evtl. Markenschutz).
e) Reine Computerprogramme sind nicht patentierbar (Schutz durch Urheberrecht).
f) Ästhetische Gestaltungsformen werden durch Design geschützt.

4.

Vorgang	Reihenfolge (Ziffer 1 bis 6)
18 Monate nach dem Anmeldetag wird die noch nicht patentierte Erfindung in einer Offenlegungsschrift veröffentlicht.	5
Der Arbeitnehmer meldet die Erfindung seinem Arbeitgeber.	1
Das erteilte Patent wird in das Patentregister eingetragen.	6
Das Patentamt führt eine Vorprüfung des Patentantrags durch.	3
Die Erfindung wird vom Patentamt im Hinblick auf die sachlichen Voraussetzungen der Patentierbarkeit geprüft.	4
Der Arbeitgeber reicht beim Patentamt einen Antrag auf Patenterteilung ein.	2

2. Fallsituation

a)

Patentschutz
Begründung: Neuheit, erfinderische Tätigkeit, technische Erfindung und gewerbliche Anwendbarkeit sind gegeben. Da es sich um ein Verfahren handelt, kommt ein Gebrauchsmuster nicht infrage.

A, B

b)

Beim Deutschen Patentamt in München ist ein Antrag auf Patenterteilung zu stellen. Dabei müssen neben dem Anmeldeformular weitere Unterlagen eingereicht werden (z. B. technische Beschreibung der Erfindung, Zeichnungen etc.).

C

Zuvor sollte man jedoch in öffentlichen Patentdatenbanken recherchieren, um sicherzustellen, dass eine vergleichbare Erfindung nicht schon von einer anderen Person als Patent angemeldet worden ist.

Nach erfolgreicher Vorprüfung durch das Patentamt kann ein Antrag auf Prüfung des Patents gestellt werden. Erfüllt die angemeldete Erfindung die patentrechtlichen Anforderungen, erlangt sie Patentschutz.

c)

Schutzdauer maximal 20 Jahre

D

II. Aufbau und Organisation der Produktion

1. Produktionsprogramm und Fertigungstiefe

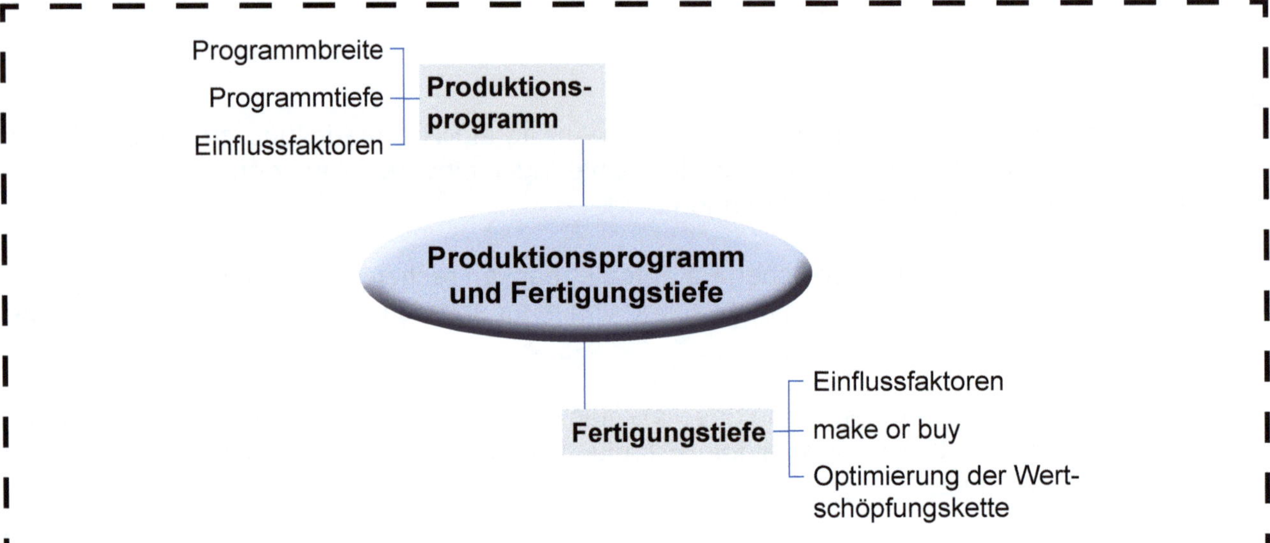

Was muss ich für die Prüfung wissen?

1.1 Produktionsprogramm

Das Produktionsprogramm legt fest, welche Produkte in welcher Menge innerhalb einer bestimmten Periode hergestellt werden sollen.

Breite des Produktionsprogramms: Je mehr unterschiedliche Produktgruppen ein Unternehmen herstellt, umso breiter ist das Produktionsprogramm.

Tiefe des Produktionsprogramms: Je mehr unterschiedliche Artikel innerhalb einer Produktgruppe hergestellt werden, umso tiefer ist das Produktionsprogramm.

Diversifikation: Es werden zusätzliche Produktgruppen in das Produktionsprogramm aufgenommen. Diversifikation erhöht die Breite des Produktionsprogramms.

Differenzierung: Es werden zusätzliche Artikel innerhalb einer Produktgruppe hergestellt. Differenzierung erhöht die Tiefe des Produktionsprogramms.

1.2 Fertigungstiefe

Die Fertigungstiefe gibt an, wie hoch der Anteil der Eigenleistung an der gesamten Fertigung ist.

Je mehr Fertigungsschritte innerhalb der Wertschöpfungskette im eigenen Unternehmen stattfinden, umso höher ist die Fertigungstiefe.

Supply Chain (Wertschöpfungskette): Der gesamte Weg des Produkts vom Lieferer über den Hersteller bis zum Endkunden.

Supply Chain Management (SCM): Möglichst optimale Gestaltung der Wertschöpfungskette vom Lieferer bis zum Endkunden.

Maßnahmen zur Optimierung der Wertschöpfungskette:

Maßnahme	Erläuterung
Outsourcing	**Out**side Re**source** Us**ing**; Auslagerung von Prozessen an Fremdfirmen
Insourcing (Integration)	**In**side Re**source** Us**ing**; (Wieder-)Eingliederung von Prozessen in das eigene Unternehmen
Kooperation	Enge Zusammenarbeit mit Lieferern bzw. Dienstleistern innerhalb der Wertschöpfungskette.
Offshoring	Verlagerung von Prozessen an andere Standorte (meist im Ausland)
Onshoring	Verlagerung von Prozessen an den eigenen Standort

Was erwartet mich in der Prüfung?

1. Das Lernlabyrinth

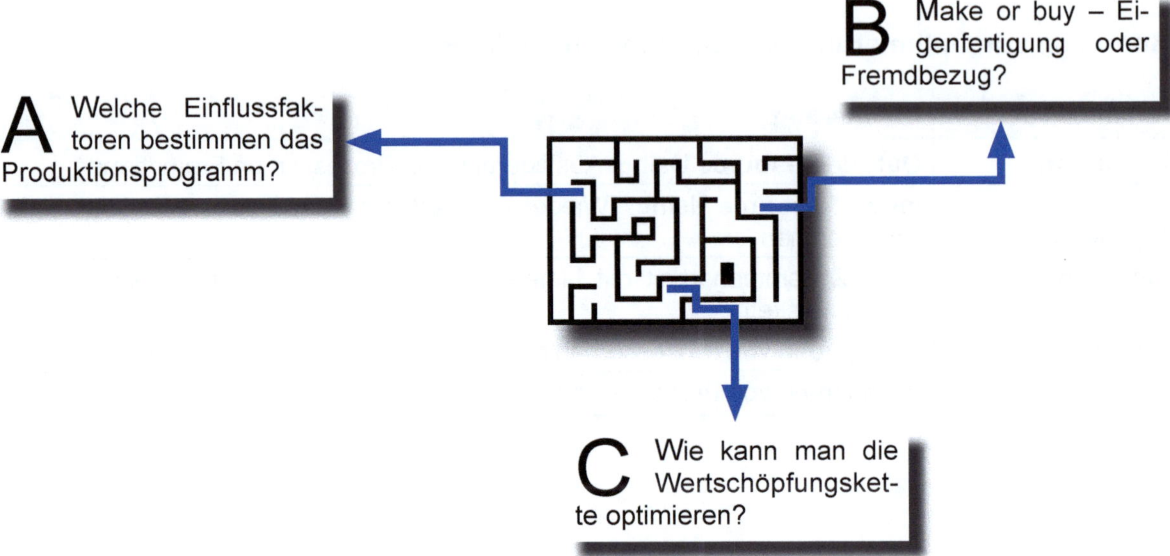

2. Wege aus dem Labyrinth

A Welche Einflussfaktoren bestimmen das Produktionsprogramm?

Das Produktionsprogramm hängt vom Absatzprogramm ab.

Aufgabe der Produktion ist es, die Erzeugnisse herzustellen, die zur Erfüllung der Kundenaufträge notwendig sind. Ausgangspunkt für das Absatzprogramm ist also der Kunde. Das Absatzprogramm wiederum bestimmt, was in welcher Menge zu welchem Zeitpunkt zu produzieren ist.

Absatzprogramm und Produktionsprogramm können sich unterscheiden!

Zwar wird das Produktionsprogramm grundlegend durch das Absatzprogramm beeinflusst, jedoch kann es Unterschiede geben aufgrund von

- Erzeugnislagerbeständen, die noch aus der Vorperiode vorhanden sind
- Handelswaren, die ins Sortiment aufgenommen werden.

Beispiel:

Die Frankenrad GmbH, ein Fahrradhersteller, hat auf Basis von Kundenaufträgen und Erfahrungswerten ihr Absatzprogramm für den nächsten Monat festgelegt. Es sollen demnach u. a. 3.000 Stück des Mountainbike-Modells T-Rex abgesetzt werden. Von diesem Modell befinden sich noch 500 Stück auf Lager. Anschließend soll dieses Modell durch ein neueres Nachfolgemodell abgelöst werden. Ferner rechnet die Frankenrad GmbH auch noch mit dem Verkauf von 1.000 Fahrradhelmen, die als Handelsware eingekauft werden.

Absatzplan:

⇒ 3.000 Stück des Mountainbike-Modells T-Rex

⇒ 1.000 Fahrradhelme

Produktionsprogramm:

⇒ 2.500 Stück des Mountainbike-Modells T-Rex

Die Faktoren, die das Produktionsprogramm beeinflussen, sind vor allem auf der Absatzseite zu finden:

- Kundenwünsche (mehr Auswahl, Qualität ...)
- Marktwachstum
- Komplementärgüter
- etc.

Weitere Einflussfaktoren:

- Kapazitätsengpässe (optimales Produktionsprogramm mithilfe relativer Deckungsbeiträge)
- Deckungsbeiträge (trotz freier Kapazitäten keine Produktion, da negativer Deckungsbeitrag).

(Deckungsbeitragsrechnung siehe Trainingsmodul Kosten- und Leistungsrechnung (KSK 7))

Beispiel: Produktionsprogramm der Frankenrad GmbH:

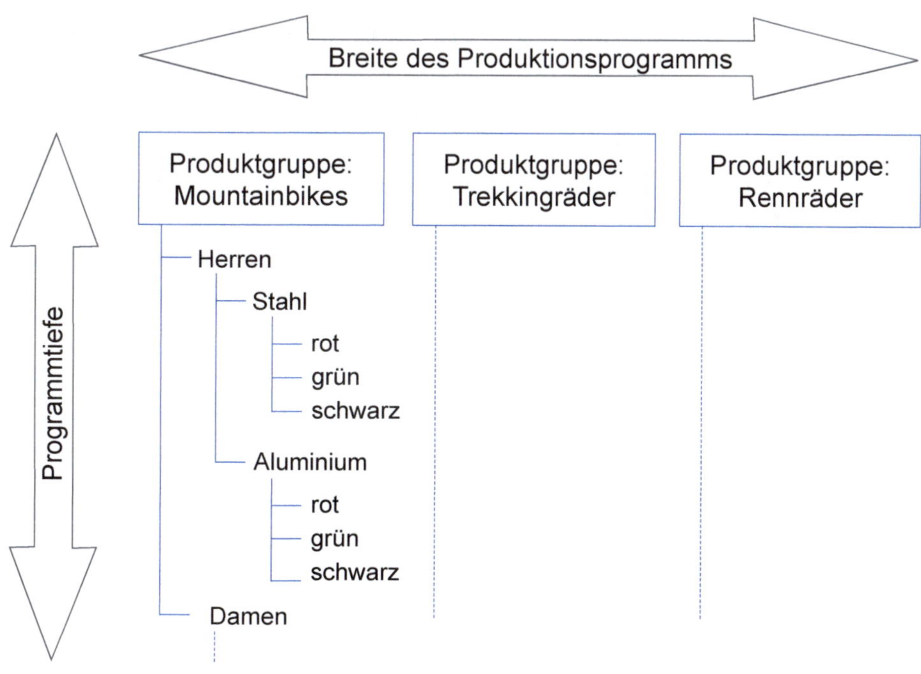

Breites oder schmales Produktionsprogramm?

Schmales Produktionsprogramm	Breites Produktionsprogramm
Vorteile: • Spezialisierung auf bestimmte Produkte • Standardisierung von Prozessen • geringerer Investitionsbedarf (weniger Maschinen, Werkzeuge …)	**Vorteile:** • Risikostreuung auf mehrere Produkte • Kapazitätsauslastung (sofern Maschinen für mehrere Produktgruppen eingesetzt werden können) • bessere Wachstumschancen

Tiefes oder flaches Produktionsprogramm?

Flaches Produktionsprogramm	Tiefes Produktionsprogramm
Vorteile: • geringere Teilevielfalt (Bestände …) • vereinfachte Produktion (Arbeitspläne …) • geringerer Entwicklungsaufwand (Konstruktionszeichnungen …)	**Vorteile:** • mehr Auswahl (z. B. Farben) • Qualitätsabstufungen • unterschiedliche Preissegmente

Beispiel 1: Verbreiterung des Produktionsprogramms durch Diversifikation

Die Frankenrad GmbH überlegt, zusätzlich zu den bereits bestehenden Produktgruppen Citybikes herzustellen. Die Citybikes können dabei weitestgehend auf den gleichen Produktionsanlagen hergestellt werden wie die anderen Fahrräder.

Für die Aufnahme der Citybikes ins Produktionsprogramm sprechen

⇒ die höhere Auslastung der Maschinen

⇒ die Wachstumschancen durch die Erschließung einer neuen Zielgruppe

⇒ die Streuung des Risikos auf eine weitere Produktgruppe.

Beispiel 2: Tieferes Produktionsprogramm durch Differenzierung

Um den Kunden mehr Farbauswahl zu bieten, werden die Mountainbikes zusätzlich auch noch in den Farben Blau und Silber angeboten.

Beispiel 3: Schmaleres Produktionsprogramm durch Eliminierung

Da die Nachfrage nach Rennrädern in den letzten Jahren stark zurückgegangen ist, hat sich die Unternehmensleitung entschlossen, die Rennräder aus dem Produktionsprogramm zu streichen.

Man erhofft sich dadurch folgende Effekte:

⇒ Vereinfachung der Materialbeschaffung und Lagerhaltung (weniger verschiedene Teile)

⇒ Vereinfachung der Produktion (weniger Arbeitspläne, einfachere Maschinenbelegung etc.)

⇒ Geringerer Entwicklungsaufwand (Konstruktionszeichnungen, Stücklisten etc.)

B Make or buy – Eigenfertigung oder Fremdbezug?

Situation:

Die Frankenrad GmbH steht vor der Entscheidung, eine Komponente für die Mountainbikes selbst herzustellen oder von einem Lieferanten zu beziehen.

Der günstigste Lieferer bietet die Komponente zu einem Listeneinkaufspreis von 12 € an und gewährt einen Rabatt von 10 %. Bei Zahlung innerhalb von 8 Tagen können 2 % Skonto abgezogen werden. Ferner sind pro Stück 0,12 € für Fracht und Verpackung einzukalkulieren.

Im Falle der Eigenfertigung würden variable Stückkosten von 8,20 € pro Stück entstehen. Die Produktion der Komponente könnte dabei auf den bereits vorhandenen Maschinen erfolgen, ohne dass zusätzliche Fixkosten anfallen.

1. Rechnerische Ermittlung der günstigeren Alternative

a) Für welche Alternative würden Sie sich entscheiden, wenn allein die Kosten ausschlaggebend sein sollen?

Kalkulation Fremdbezug:

	Listeneinkaufspreis	12,00 €
-	Rabatt 10 %	1,20 €
=	Zieleinkaufspreis	10,80 €
-	Skonto 2 %	0,22 €
=	Bareinkaufspreis	10,58 €
+	Fracht/Verpackung	0,12 €
=	**Bezugspreis**	**10,70 €**

Ergebnis: Die Kosten des Fremdbezugs liegen mit 10,70 € pro Stück über den Kosten der Eigenfertigung (8,20 €). Die Eigenfertigung ist somit kostengünstiger.

Eigenfertigung kann zusätzliche Fixkosten hervorrufen!

b) Gesetzt den Fall, für die Eigenfertigung müsste eine neue Maschine angeschafft werden, deren jährliche Fixkosten mit 5.000 € angesetzt werden. Ab welcher jährlichen Produktionsmenge würde sich die Eigenfertigung gegenüber dem Fremdbezug lohnen?

Gleichung aufstellen! Die Aufgabe lässt sich lösen, indem man die Kosten der Eigenfertigung mit den Kosten des Fremdbezugs gleichsetzt und die Gleichung nach der Menge auflöst.

$X \cdot 10{,}70\ \text{€/Stk.} = X \cdot 8{,}20\ \text{€/Stk.} + 5.000\ \text{€}$

$X \cdot 2{,}50\ \text{€/Stk.} = 5.000\ \text{€}$

$X = \dfrac{5.000\ \text{€}}{2{,}50\ \text{€/Stk.}}$

$\mathbf{X = 2.000\ Stk.}$

Ergebnis: Ab einer Menge von über 2.000 Stück ist die Eigenfertigung die kostengünstigere Alternative.

2. Grafische Ermittlung der günstigeren Alternative

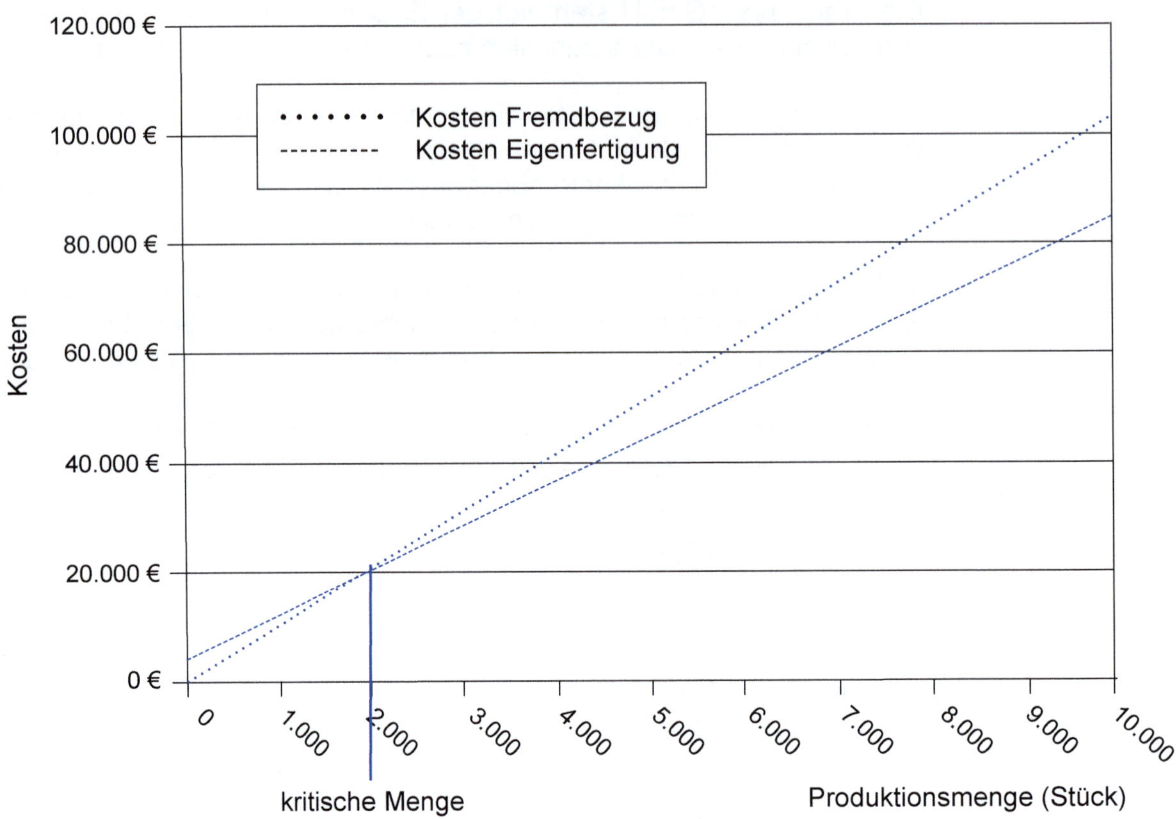

Die Kostengerade für die Eigenfertigung beginnt auf Höhe der Fixkosten, die Kostengrade für Fremdbezug beim Nullpunkt. Der Schnittpunkt der beiden Geraden stellt die kritische Menge dar, bei der beide Alternativen die gleichen Kosten verursachen.

3. Weitere Argumente für Fremd- bzw. Eigenfertigung

Bis jetzt waren ausschließlich die Kosten für die Entscheidung maßgebend. Es gibt jedoch noch andere Faktoren, die bei der Frage der Fremd- oder Eigenfertigung eine Rolle spielen können. Hierzu zählen z. B.

- Qualität
- Kapazitätsauslastung
- Zuverlässigkeit
- etc.

Beispiel:
Die benötigte Menge für die Komponente liegt voraussichtlich knapp unterhalb der kritischen Menge. Unter Kostengesichtspunkten müsste sich die Frankenrad GmbH nun eigentlich für den Fremdbezug der Komponente entscheiden. Die Frankenrad GmbH möchte aber im Hinblick auf Qualität und Zuverlässigkeit wichtiger Komponenten nicht von Lieferern abhängig sein. Außerdem sind noch ausreichend freie Kapazitäten vorhanden, die für die Eigenfertigung der Komponenten zur Verfügung stehen und ansonsten ungenutzt wären. Die Frankenrad GmbH entschließt sich deshalb für die Eigenfertigung der Komponenten.

C Wie kann man die Wertschöpfungskette optimieren?

Eine grundlegende Frage im Supply Chain Management lautet: Welche Aufgaben innerhalb der Wertschöpfungskette sollen im eigenen Unternehmen ausgeführt und welche an Fremdfirmen vergeben werden?

Je mehr Fertigungsstufen im eigenen Unternehmen verbleiben, umso höher die Fertigungstiefe. Durch Auslagerung von Fertigungsstufen sinkt die Fertigungstiefe.

1. Outsourcing oder Insourcing?

Die Frankenrad GmbH möchte durch Auslagerung von Prozessen an Fremdfirmen Kosten sparen.

Beispiel für Outsourcing: Werkschutz

Der Werkschutz (Pförtner, Wachpersonal etc.) wird an die Security GmbH übergeben, die auf derartige Dienstleistungen spezialisiert ist. Das Personal der Security GmbH ist aus tarifvertraglichen Gründen deutlich kostengünstiger als eigenes Werkschutzpersonal.

Da der Werkschutz keinen unmittelbaren Einfluss auf die Wertschöpfung und Produktivität der Frankenrad GmbH hat, ist eine Auslagerung hier relativ unbedenklich. Das Gleiche gilt für andere wertschöpfungsferne Supportprozesse, wie z. B. Reinigung, Hausverwaltung etc.

Outsourcing bringt nicht nur Vorteile! Bei Prozessen, welche die Produktqualität, Produktivität oder Wertschöpfung maßgeblich beeinflussen, ist Outsourcing mit erheblichen Risken verbunden.

Beispiel für Insourcing: Maschineninstandhaltung

Gibt man diese Aufgabe aus der Hand, bedeutet dies, dass bei Maschinenstörungen kein Instandhaltungspersonal mehr im eigenen Betrieb verfügbar ist. Evtl. sind lange Anfahrtszeiten der externen Servicetechniker in Kauf zu nehmen. Im Extremfall könnte dies Produktionsausfälle zur Folge haben. Die Frankenrad GmbH entschließt sich deshalb, die Maschineninstandhaltung nicht auszulagern bzw. ausgelagerte Tätigkeiten aus diesem Bereich wieder einzugliedern (Insourcing).

2. Offshoring oder Onshoring?

Outsourcing ist nicht gleich Offshoring! Der Begriff Offshoring bezeichnet die Auslagerung von Teilen der Produktion an einen anderen Standort (oft ins Ausland). Es muss jedoch nicht zwangläufig sein, dass dieser Produktionsschritt, wie beim Outsourcing, durch eine Fremdfirma ausgeführt wird. (Analog ist die Unterscheidung Insourcing – Onshoring.)

Beispiel für Offshoring: Produktionsverlagerung ins Ausland

Die Frankenrad GmbH gründet ein Werk in Rumänien, in dem Fahrräder für das Niedrigpreissegment hergestellt werden sollen. Im Gegenzug soll ein deutsches Werk geschlossen werden. Die niedrigeren Lohnkosten sprechen für den rumänischen Standort.

Nicht nur an die Lohnkosten denken! Die Tatsache, dass die Arbeitskosten pro Stunde in Rumänien niedriger sind als in Deutschland, ist nur ein Faktor von vielen, die bei einer solchen Standortentscheidung zu berücksichtigen sind.

Ebenfalls beachtet werden sollten z. B. folgende Aspekte:

- Gibt es dort genügend qualifizierte Arbeitskräfte?
- Wie hoch ist die Produktivität? (entscheidend für die Lohnstückkosten)
- Welche bürokratischen Hindernisse sind zu überwinden? (behördliche Genehmigungen etc.)
- Ist die notwendige Infrastruktur vorhanden? (Verkehrsnetz, Energieversorgung etc.)
- u. v. m.

Beispiel für Onshoring: Zuliefererparks

Die Frankenrad GmbH bezieht einen Großteil ihrer Fahrradrahmen von einem Zulieferer. Um die mit dem Transport verbundenen Nachteile (Transportkosten, Transportschäden, Lieferverzögerungen ...) zu vermeiden, bietet sie dem Lieferer an, die Rahmen künftig auf dem Werksgelände der Frankenrad GmbH zu produzieren.

Supplier Parks (Zuliefererparks) existieren vor allem in der Automobilindustrie. Die räumliche Nähe zum Lieferer fördert auch die Kooperation und erleichtert die Integration des Lieferers in den Wertschöpfungsprozess.

So trainiere ich für die Prüfung

Aufgaben

1. Wissensfragen

1.1 Lernfragen

1. Was wird durch das Produktionsprogramm festgelegt?
2. Führen Sie zwei Argumente an, die für ein breites Produktionsprogramm sprechen können.
3. Erläutern Sie den Unterschied zwischen Produktionsprogrammtiefe und Fertigungstiefe.
4. Wie unterscheiden sich Diversifikation und Differenzierung voneinander?
5. Nennen Sie zwei Faktoren, die neben den Kosten bei der Frage der Eigenfertigung oder des Fremdbezugs eine Rolle spielen können.
6. Erläutern Sie den Unterschied zwischen Outsourcing und Offshoring.
7. Führen Sie zwei Beispiele für Aufgaben an, die ein Industrieunternehmen auslagern kann, ohne dass sich eine unmittelbare Auswirkung auf die Produktivität ergibt.

1.2 Mehrfachauswahl

1. Welche Aussage zum Produktionsprogramm ist richtig?
   a) Die Tiefe des Produktionsprogramms wird durch die Zahl der unterschiedlichen Produktgruppen bestimmt.
   b) Das Produktionsprogramm legt fest, auf welchen Maschinen die Produktion erfolgen muss.
   c) Das Produktionsprogramm gibt keine Auskunft über die Menge der herzustellenden Produkte.
   d) Die Tiefe des Produktionsprogramms wird durch die Menge bestimmt, in der ein einzelner Artikel hergestellt wird.
   e) Die Breite des Produktionsprogramms wird durch die Zahl der unterschiedlichen Produktgruppen bestimmt.

2. Welche der folgenden Maßnahmen eines Möbelherstellers wirken sich auf die Breite des Produktionsprogramms aus?
   a) Sofapolsterungen werden von nun an in zusätzlichen Farben hergestellt.
   b) Ab Mai wird die Produktpalette um Einbauküchen erweitert.
   c) Betten werden im neuen Jahr auch in unterschiedlichen Längen hergestellt.
   d) Regalböden werden nicht mehr nur furniert, sondern zusätzlich auch aus Massivholz hergestellt.
   e) Zu den Lampen werden jetzt auch Leuchtmittel als Handelsware angeboten.

f) Der Möbelhersteller eröffnet im neuen Jahr auf dem Werksgelände einen Mitnahmemarkt.
g) Die Produktgruppe „Gartenmöbel" wird aus dem Produktionsprogramm gestrichen.

3. Wie wirken sich folgende Maßnahmen eines Automobilherstellers auf dessen Fertigungstiefe aus?

a) Der Getriebebau wird an einen Lieferer vergeben.
b) Für die Lackierung stehen von nun an zwei weitere Farben zur Auswahl.
c) Anstelle des alten Lackiersystems wird ein neuartiges und umweltfreundliches Lackiersystem eingeführt.
d) Die Entgeltabrechnung wird an eine Personaldienstleistungsfirma übertragen.
e) Ein langjähriger Zulieferer verlegt seine Produktion auf das Werksgelände des Autoherstellers.
f) Es wird ein eigenes Presswerk für die Blechteile gegründet; bisher wurden die Blechteile fremd bezogen.

Auswirkung auf die Fertigungstiefe	Fall/Fälle
Fertigungstiefe nimmt zu	
Fertigungstiefe nimmt ab	
Keine Auswirkung auf die Fertigungstiefe	

4. Ordnen Sie zu, um welche Art von Maßnahme es sich jeweils handelt.

a) Ein Handyhersteller verlagert die eigene Produktion von Deutschland nach Rumänien.
b) Ein Maschinenbauer vergibt die Oberflächenveredelung von Blechteilen an eine benachbarte Spezialfirma.
c) Ein Hersteller von Erfrischungsgetränken führt eine neue Limonade ein.
d) Ein Automobilhersteller gründet einen Zuliefererpark, in den die wichtigsten Lieferanten einziehen.
e) Ein Computerhersteller verlagert die Komponentenmontage auf einen Lieferer.
f) Ein Elektronikkonzern lässt Software nicht mehr von deutschen Softwareunternehmen, sondern von Softwareunternehmen in Indien erstellen.
g) Ein Turbinenhersteller lässt die Wartungs- und Instandhaltung der Produktionsanlagen wieder von eigenen Mitarbeitern durchführen anstatt von Fremdfirmen.

Art der Maßnahme	Fall/Fälle
Outsourcing	
Insourcing	
Offshoring	
Onshoring	
Keine der genannten Maßnahmen	

2. Fallsituation

Die Freiburger Werkzeugbau GmbH überlegt, die Beschichtung bestimmter Metallteile durch eine Fremdfirma durchführen zu lassen, die auf derartige Beschichtungsverfahren spezialisiert ist.

a) Bei einer Fremdvergabe ist von folgenden Kosten auszugehen: 4 € pro Stück für die Beschichtung, 0,10 € pro Stück für den Transport der Teile.

Für die Eigenbeschichtung müsste die Freiburger Werkzeugbau GmbH eine neue Maschine anschaffen, weshalb pro Monat zusätzliche Fixkosten in Höhe von 800 € anzusetzen sind. Die variablen Stückkosten der Eigenbeschichtung liegen bei 2,50 €.

Ermitteln Sie rechnerisch, ab welcher jährlichen Menge sich unter reinen Kostengesichtspunkten die Eigenbeschichtung gegenüber der Fremdbeschichtung lohnt.

b) Ermitteln Sie die kritische Menge grafisch. (Diagramm)

c) Die Freiburger Werkzeugbau GmbH rechnet mit einer jährlichen Menge von ca. 10.000 zu beschichtenden Teilen pro Jahr. Führen Sie zwei Gründe an, warum die Freiburger Werkzeugbau GmbH trotzdem die Fremdbeschichtung bevorzugen könnte.

d) Die Freiburger Werkzeugbau GmbH möchte ihre Wertschöpfungskette optimieren. Um Kosten zu sparen, sollen Entwicklungstätigkeiten nach Indien ausgelagert werden, wo mit CAD-Programmen Konstruktionszeichnungen für neue Produkte erstellt und via Internet nach Freiburg übermittelt werden könnten. Nehmen Sie kritisch Stellung zu diesem Vorhaben.

Lösungen

1. Wissensfragen

1.1 Lernfragen

1. Das Produktionsprogramm gibt an, welche Produkte in welcher Menge innerhalb einer Periode hergestellt werden sollen.

2. z. B. Risikostreuung, evtl. höhere Kapazitätsauslastung

3. Die Tiefe des Produktionsprogramms gibt an, wie viele unterschiedliche Ausprägungen von Produkten (z. B. Größen, Farben etc.) hergestellt werden. Die Fertigungstiefe sagt aus, wie hoch der Eigenanteil an der Fertigung ist.

4. Diversifikation entsteht durch die Aufnahme neuartiger Produkte oder Produktgruppen in das Produktionsprogramm. Die neuen Produkte/Produktgruppen unterscheiden sich von den bisherigen grundlegend, das Produktionsprogramm wird breiter. Differenzierung bedeutet, dass neue Artikel in das Produktionsprogramm aufgenommen werden, die sich nur geringfügig von den bisherigen unterscheiden (z. B. Farbe, Größe ...); das Produktionsprogramm wird tiefer.

5. z. B. Kapazitätsauslastung, Qualität

6. Beim Outsourcing wird ein Prozess auf eine Fremdfirma ausgelagert; es handelt sich um eine organisatorische Auslagerung. Beim Offshoring erfolgt eine räumliche Verlagerung von Prozessen; der neue Standort kann jedoch zum gleichen Unternehmen gehören.

7. z. B. Reinigungsdienste, Werkschutz

1.2 Mehrfachauswahl

1. e

2. b, g

b) Programmverbreiterung durch zusätzliche Produktgruppe
g) Programmbreite nimmt ab durch Eliminierung einer Produktgruppe.

3.

Auswirkung auf die Fertigungstiefe	Fall/Fälle
Fertigungstiefe nimmt zu	**f**
Fertigungstiefe nimmt ab	**a**
Keine Auswirkung auf die Fertigungstiefe	**b, c, d, e**

4.

Art der Maßnahme	Fall/Fälle
Outsourcing	**b, e**
Insourcing	**g**
Offshoring	**a, f**
Onshoring	**d**
Keine der genannten Maßnahmen	**c**

2. Fallsituation

B

a)

X · 4,10 €/Stk. = X · 2,50 €/Stk. + 12 · 800 €
X · 1,60 €/Stk. = 9.600 €
X = 6.000 Stk.

B

b)

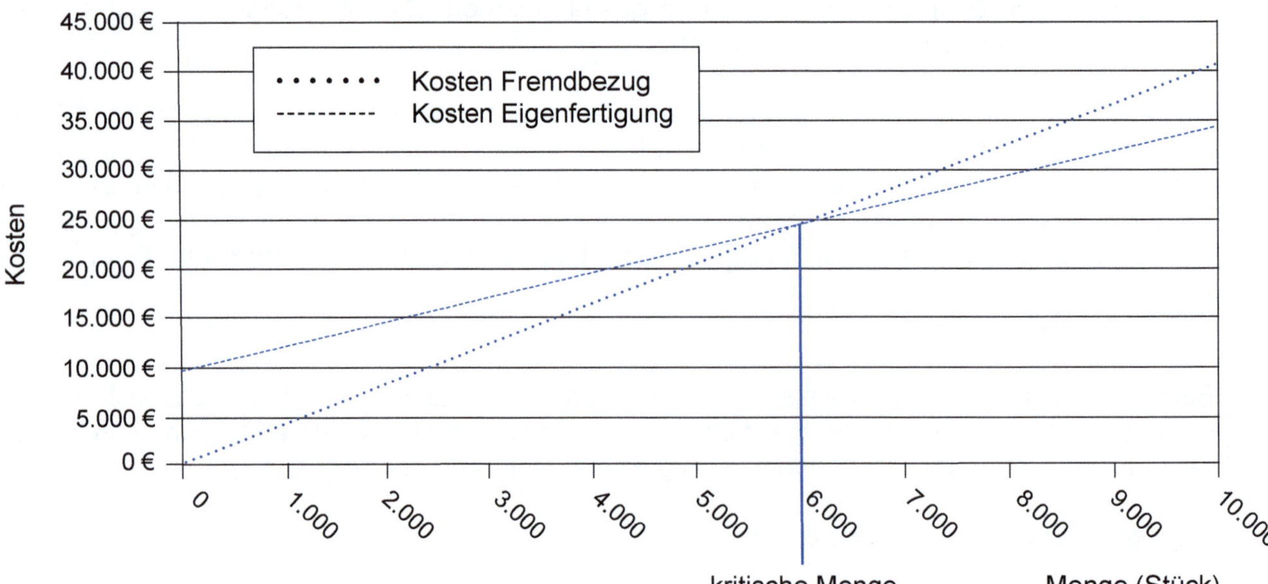

c)

z. B. geringeres Investitionsrisiko,
Mangel an dafür qualifizierten Arbeitskräften

B

d)

Das Outsourcing derartiger Entwicklungsarbeiten birgt große Risiken:

C

Aufgrund der großen Entfernung können die indischen Entwickler die besonderen Verhältnisse in der Produktion des Freiburger Werkes evtl. nicht richtig beurteilen. Die Kommunikation zwischen den indischen Entwicklern und ihren Ansprechpartnern in Freiburg gestaltet sich ebenfalls schwierig. Die Gefahr von Entwicklungsfehlern erhöht sich dadurch. Da ein erheblicher Teil aller späteren Kosten bereits in der Entwicklungsphase vorbestimmt wird, wären die Auswirkungen von Entwicklungsfehlern sehr schwerwiegend.

2. Fertigungsverfahren

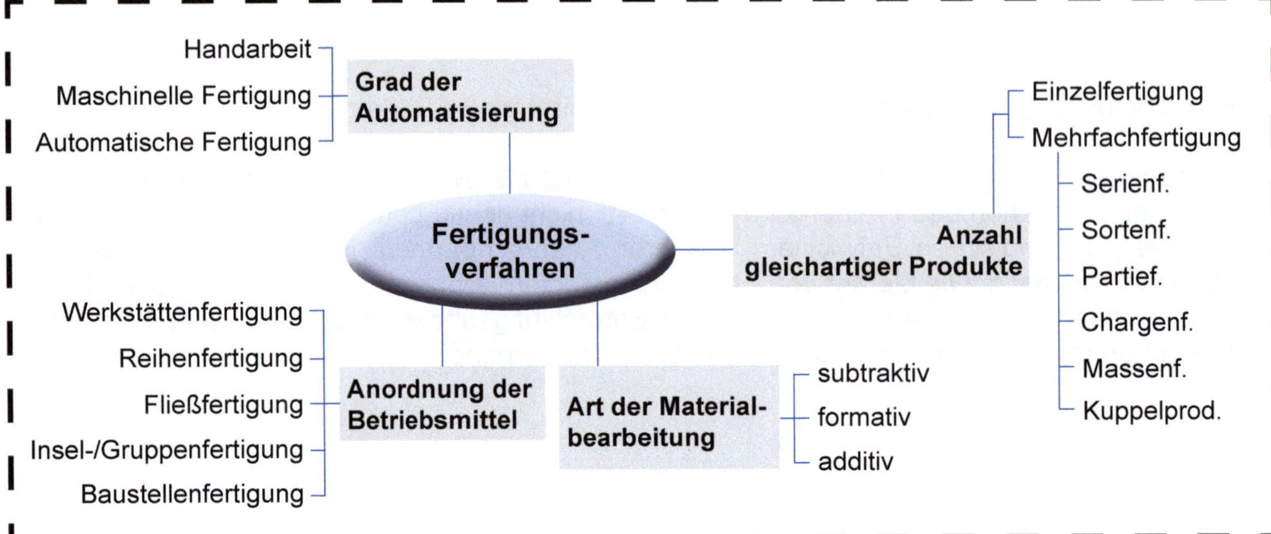

Was muss ich für die Prüfung wissen?

Der Begriff Fertigungsverfahren lässt viele Betrachtungsmöglichkeiten zu. Will man verschiedene Verfahren mit den korrekten betriebswirtschaftlichen Begriffen beschreiben, muss man sich zunächst die Frage stellen, nach welchen Kriterien Fertigungsverfahren unterschieden werden können.

Es sind drei verschiedene Unterscheidungskriterien zu beachten:

2.1 Fertigungsverfahren nach dem Automatisierungsgrad (bzw. Mechanisierungsgrad)

1. Handarbeit

Handarbeit ist weitgehend mit körperlicher Arbeit verbunden. Es kommen zwar Werkzeuge zum Einsatz, jedoch ist die Steuerung und das Aufbringen von Kraft noch dem Menschen überlassen. Handarbeit verliert in der industriellen Fertigung an Bedeutung.

2. Maschinelle Fertigung (Mechanisierung)

Bei der maschinellen Fertigung bleibt die Steuerung der Arbeitsvorgänge weitgehend dem Menschen überlassen. Die Kraft für die Arbeitsausführung wird jedoch von Maschinen aufgebracht.

3. Automatische Fertigung (Automatisierung)

Bei der automatischen Fertigung wird die Arbeit von Maschinen ausgeführt. Diese übernehmen jedoch hierbei auch die Steuerung der Arbeitsvorgänge. Arbeitsvorgänge können so ohne menschliches Eingreifen stattfinden. In der automatischen Fertigung kommen Roboter und Automaten zum Einsatz.

2.2 Fertigungsverfahren (Fertigungstypen) nach der Anzahl gleichartiger Produkte (Prozesstypen der Fertigung)

1. Einzelfertigung

Ein Produkt wird nur einmal (in gleicher Art) gefertigt. Dies erfolgt vor allem bei Bestellungen mit Sonderwünschen (z. B. Bau eines Gebäudes, spezielle Frachtschiffe ...).

2. Mehrfachfertigung

Es werden mehrere gleichartige Produkte hergestellt. Die Mehrfachfertigung kann in den folgenden Ausprägungsformen auftreten:

a) Serienfertigung

Bei der Serienfertigung wird eine festgelegte Stückzahl gleichartiger Produkte auf einer Produktionsanlage hergestellt. Ist die Serie abgearbeitet, erfolgt eine Umrüstung der Produktionsanlage und es wird eine bestimmte Stückzahl eines anderen Produktes auf der Produktionsanlage hergestellt (zur Bestimmung der Stückzahl siehe Kapitel zur optimalen Losgröße). Serienfertigung kommt vor allem in der Automobilindustrie vor. Dort wird durch Großserien bereits ein Übergang zur Massenfertigung deutlich.

b) Sortenfertigung

Bei der Sortenfertigung bestehen die Produkte aus dem gleichen Grundstoff und weisen nur geringe Unterschiede auf (z. B. Größen, Farben, Geschmack). Für die Herstellung der verschiedenen Produktvarianten müssen die Maschinen meist nur in geringem Maße umgerüstet werden. Sonderformen der Sortenfertigung bilden die Partie- und Chargenfertigung.

Sonderform: Partiefertigung

Bei der Partiefertigung kommt es durch den Einsatz der Rohstoffe unbeabsichtigt zu leichten Unterschieden im Produkt. So kann bei der Herstellung von Kleidung die Qualität durch die Verwendung unterschiedlicher Baumwolllieferungen ungewollt variieren.

Sonderform: Chargenfertigung

Wie bei der Partiefertigung kommt es auch bei der Chargenfertigung zu ungewollten Unterschieden im Produkt. Grund hierfür ist die Tatsache, dass der Produktionsprozess nicht immer vollständig beherrschbar ist. So kann es bei der Produktion von Bier oder Wein zu unterschiedlichen Produktqualitäten kommen, weil der Gär- oder Reifeprozess nicht immer exakt gleich abläuft (z. B. durch Temperaturschwankungen).

c) Massenfertigung

In der Praxis ist der Übergang von der Serien- zur Massenfertigung oft fließend. Bei der Massenfertigung wird das gleiche Produkt durchgehend auf der gleichen Produktionsanlage hergestellt. Die Produktion erfolgt für einen anonymen Markt, auf individuelle Kundenwünsche kann nicht eingegangen werden. Bei der Massenproduktion steht der Aspekt der Fixkostendegression im Vordergrund.

d) Kuppelproduktion

Bei der Herstellung eines Produkts aus einem Rohstoff fallen zwangsläufig ein oder mehrere Nebenprodukte an. So werden z. B. bei der Erdölverarbeitung in einer Raffinerie neben Benzin auch Diesel, Heizöl, Flüssiggas, Bitumen, Schmieröl etc. gewonnen.

Prozesstyp	Kennzeichen	Beispiele
Einzelfertigung	Ein Erzeugnis wird hergestellt (i. d. R. auf Kundenwunsch).	Schiffbau, Kraftwerksbau, Sondermaschinen
Serienfertigung	Ein Erzeugnis wird in einer begrenzten Stückzahl (Losgröße) hergestellt.	Haushaltsgeräte (z. B. Waschmaschinen), Unterhaltungselektronik (z. B. Fernseher), Möbel, Autos
Sortenfertigung	Herstellung ähnlicher Erzeugnisse, die sich nur in einzelnen Merkmalen unterscheiden.	Biersorten, Schraubentypen, Schokoladensorten
Massenfertigung	Dauerhafte Herstellung ein und desselben Produkts in großen Mengen.	Strom, Zement, CD-ROMs, Glühbirnen
Kuppelproduktion	Herstellung mehrerer Produkte aus einem Rohstoff.	Erdöl-, Zucker-, Pflanzenölraffinerien

2.3 Fertigungsverfahren nach der Anordnung der Betriebsmittel (Organisationstypen der Fertigung)

Die Anordnung der Maschinen im Produktionsprozess kann natürlich nicht unabhängig von anderen Aspekten der Fertigung betrachtet werden. Die Organisation der Betriebsmittel hängt von den zu fertigenden Produkten und der Menge der Produkte ab. Grundlegend sind folgende Unterscheidungen möglich:

a) Werkstättenfertigung

Bei der Werkstättenfertigung sind Maschinen mit gleichartiger Funktion räumlich zusammengefasst. Die Anordnung der Betriebsmittel erfolgt also nach dem Verrichtungsprinzip.

Die einzelnen Bearbeitungsobjekte müssen entsprechend dem Produktionsprozess zwischen den einzelnen „Abteilungen“ transportiert werden.

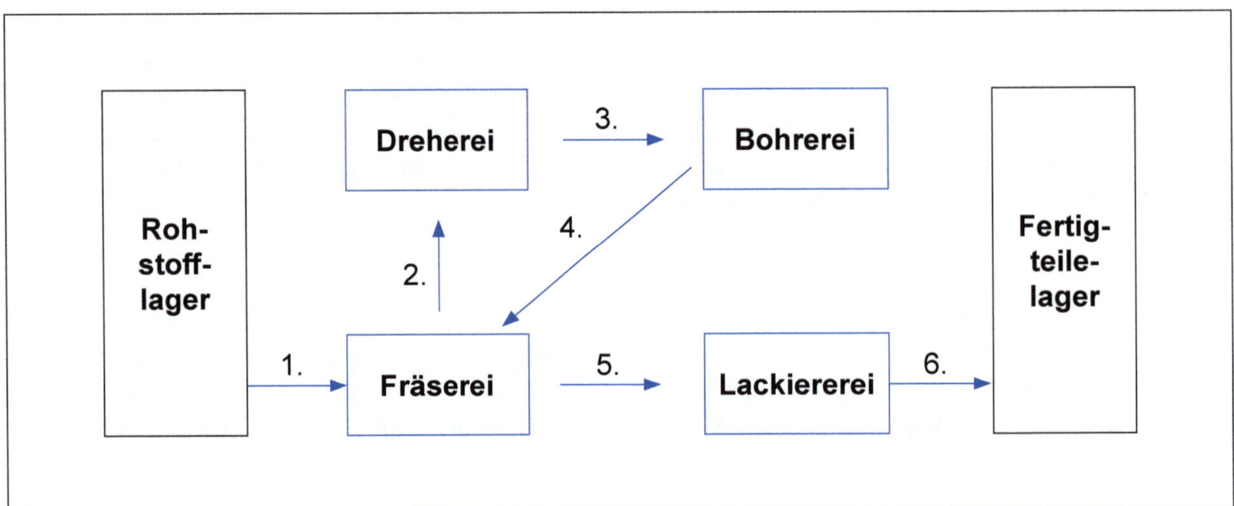

Verwechseln Sie die Werkstättenfertigung nicht mit der Werkstattfertigung! Bei der Werkstattfertigung werden alle Bearbeitungsschritte in einem Raum (Werkstatt) durchgeführt, in dem sich auch alle notwendigen Maschinen befinden. Dieser Fertigungstyp ist v. a. in kleinen Industriebetrieben bzw. Handwerksbetrieben (z. B. Schreinerei, Schlosserei) vorzufinden.

b) Reihenfertigung

Bei der Reihenfertigung werden die Betriebsmittel in der Reihenfolge der Bearbeitungsvorgänge hintereinander angeordnet.

Es bilden sich damit Fertigungsstraßen. Für die einzelnen Verrichtungen werden überwiegend Spezialmaschinen eingesetzt, die im Idealfall kaum umgerüstet werden. Die Reihenfertigung eignet sich damit vor allem für die Produktion von Großserien.

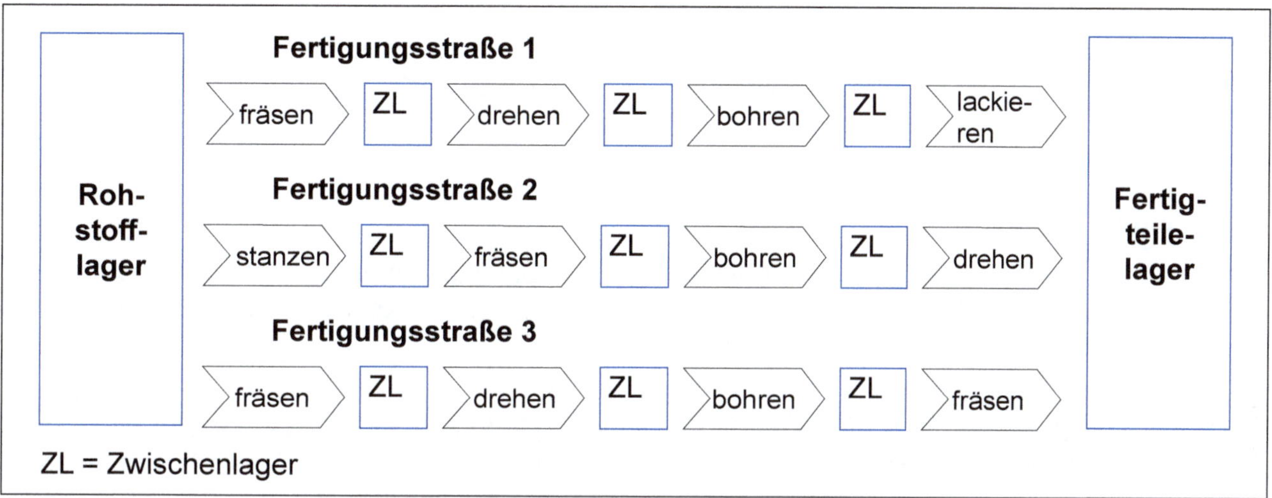

Bei der Reihenfertigung ist zwar die Reihenfolge der Maschinen gemäß den Bearbeitungsschritten festgelegt, jedoch kommt es nicht zwangsläufig zu einer zeitlichen Übereinstimmung der einzelnen Verrichtungen. Dadurch bilden sich auf den Fertigungsstraßen Zwischenlager, die als Puffer für einen zeitlichen Ausgleich sorgen.

c) Fließfertigung

Die Fließfertigung ist eine Weiterentwicklung und Verfeinerung der Reihenfertigung. Die Maschinen sind wie bei der Reihenfertigung in der Reihenfolge der Bearbeitungsschritte angeordnet.

Bei der Fließfertigung erfolgt eine zeitliche Taktung der einzelnen Tätigkeiten.

Durch die einheitliche Taktung entfallen die Zwischenläger nach den Bearbeitungsschritten. Die produktivste Variante der Fließfertigung ist die **Fließbandfertigung**, wobei das Bearbeitungsobjekt automatisch ohne zeitlichen Verlust zum nächsten Arbeitsplatz transportiert wird. Hierbei werden die einzelnen Tätigkeiten in sehr kleine Arbeitsschritte zerlegt, wodurch der jeweilige Arbeiter oft nur noch einen Handgriff am Bearbeitungsobjekt ausführen muss.

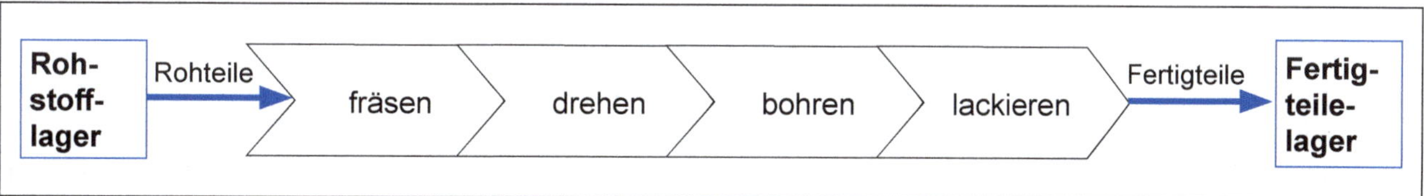

d) Inselfertigung (Gruppenfertigung)

Die Inselfertigung ist eine Kombination der Werkstättenfertigung und Reihenfertigung. Zusammenhängende Bearbeitungsschritte, die für die Herstellung ähnlicher Teile (Teilefamilien) notwendig sind, werden zu einer Gruppe zusammengefasst. Innerhalb einer Gruppe (Fertigungsinsel) sind die Betriebsmittel in der Reihenfolge der Bearbeitungsschritte angeordnet.

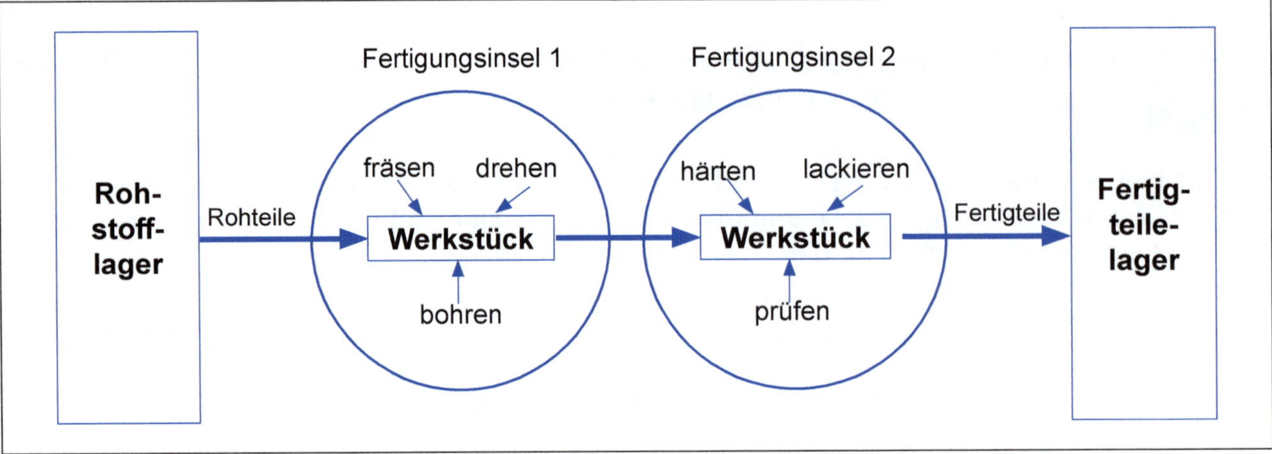

e) Baustellenfertigung

Bei der Baustellenfertigung ist die Bearbeitung eines Objektes an einen bestimmten Ort gebunden. Die Betriebsmittel müssen demzufolge an diesen Ort gebracht werden (z. B. Baumaschinen beim Straßenbau).

Organisationstyp	Anwendung v. a. bei ...	Beispiele
Werkstättenfertigung	Einzel-, Kleinserienfertigung	Fräserei, Dreherei, Schweißerei in der Metallverarbeitung, Stanzerei und Presswerk im Karosseriebau, Werkzeugbau, Maschinenbau
Reihenfertigung	Serienfertigung mit großer Produktvielfalt	Möbel-, Schuh- und Textilindustrie
Fließfertigung	Großserien-, Sorten-, Massenfertigung	Getränkeindustrie (Abfüllanlagen), Papiererzeugung, Zementfabriken, Stahlerzeugung, Automobilindustrie (Montagelinie), Massenelektronik, Süßwarenindustrie
Gruppenfertigung	Vorfertigung von Teilen für die Serienfertigung	Herstellung von Zahnrädern, Wellen etc. für den Kraftfahrzeugbau
Baustellenfertigung	Anlagengeschäft, Bauindustrie	Kraftwerksbau, Bau einer Fabrikanlage, Bau einer U-Bahn

2.4 Konventionelle und additive Fertigungsverfahren

Additive Fertigungsverfahren erzeugen dreidimensionale Objekte, indem sie Material in dünnen aufeinanderfolgenden Schichten auftragen und verfestigen. Damit unterscheiden sie sich grundlegend von den subtraktiven Fertigungsverfahren, bei denen klassischerweise Material von einem Werkstück durch Fräsen, Drehen oder andere mechanische Bearbeitungsschritte abgetragen wird, oder von formativen Verfahren, die bestehende Materialien umformen. Die Basis für den additiven Fertigungsprozess bilden digitale 3-D-Konstruktionsdaten in CAD-Programmen. Als Werkstoffe werden unterschiedliche Metalle, Kunststoffe oder Verbundstoffe in Form eines feinen Pulvers eingesetzt.

<table>
<tr><th rowspan="2">Fertigungsverfahren</th><th colspan="2">Konventionelle Verfahren</th><th rowspan="2">Additive Fertigung</th></tr>
<tr><th>Subtraktive Fertigung</th><th>Formative Fertigung</th></tr>
<tr><td>Beschreibung</td><td>Abtragen von Material mithilfe von Werkzeugen</td><td>Umformen des Ausgangsmaterials</td><td>Schichtweises Hinzufügen eines Werkstoffs</td></tr>
<tr><td>Beispiele</td><td>Fräsen, Drehen, Hobeln, Schleifen, Bohren…</td><td>Gießen, Schmieden, Biegen, Ziehen…</td><td>3-D-Druck-Verfahren, Lasersintern…</td></tr>
</table>

Typische Anwendungsbeispiele für additive Fertigungsverfahren:

- Anlagen-/Maschinenbau: Prototypenbau, Herstellung von Werkzeugen…
- Fahrzeugbau/Luftfahrtindustrie: Herstellung von Einzelteilen/Ersatzteilen…
- Medizintechnik: Herstellung von Prothesen/Implantaten…
- Sportartikelindustrie: Herstellung individualisierter Schuhe…

Was erwartet mich in der Prüfung?

Die richtige Einordnung verschiedener Fertigungsverfahren bildet bei der Organisation von Leistungserstellungsprozessen eine Art Grundwissen. Fertigungsverfahren bilden den Ausgangspunkt für eine Vielzahl von Fragestellungen. Aus der Darstellung der Fertigungsverfahren lassen sich z. B. Fragen nach Rationalisierungsansätzen, Maschineneinsatzplanung, Losgrößenbestimmung und Personaleinsatzplanung ableiten.

1. Das Lernlabyrinth

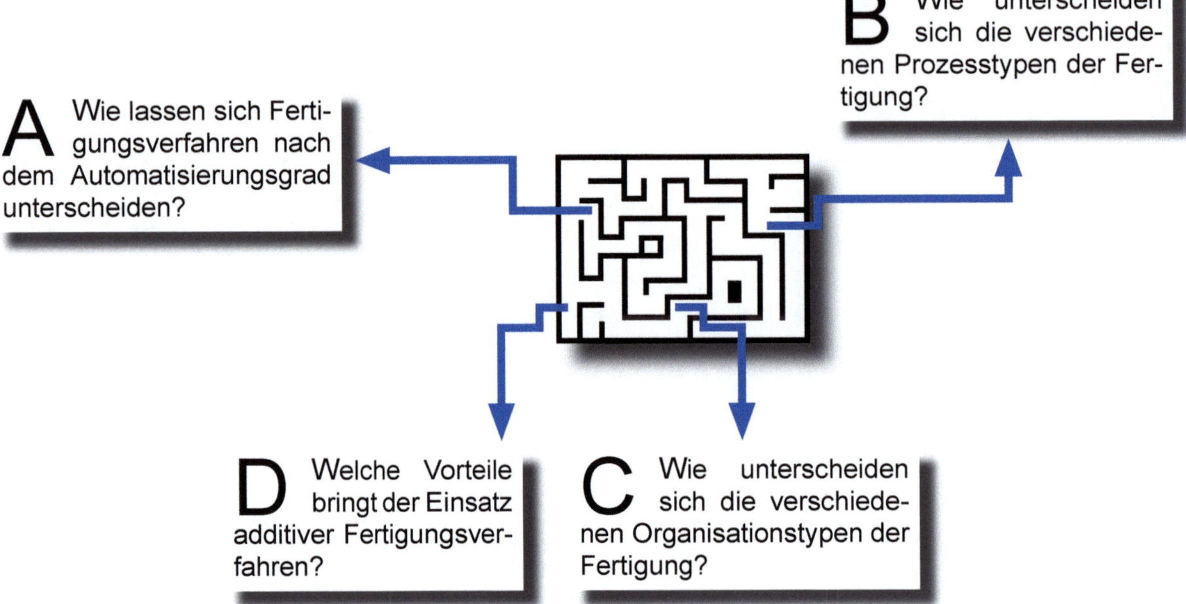

2. Wege aus dem Labyrinth

Stellen Sie zunächst klar, auf welches Unterscheidungskriterium eine Aufgabe überhaupt hinausläuft. Die Unterscheidung der Fertigungsverfahren kann sich auf den Einsatz von Technik in der Produktion (Mechanisierungsgrad), die Menge der Produkte oder die Anordnung der Betriebsmittel beziehen.

Unterscheidungskriterium	Fertigungsverfahren
Mechanisierungs-/ Automatisierungsgrad	Handarbeit, maschinelle Fertigung, automatische Fertigung
Menge der Produkte	Einzel-, Serien-, Sorten- (inkl. Partie-, Chargen-), Massenfertigung
Anordnung der Betriebsmittel	Werkstättenfertigung, Reihenfertigung, Fließfertigung, Gruppenfertigung, Baustellenfertigung

A Wie lassen sich Fertigungsverfahren nach dem Automatisierungsgrad unterscheiden?

Zunehmender Mechanisierungs- bzw. Automatisierungsgrad

→

Handarbeit — maschinelle Fertigung — automatische Fertigung

Vorteile der Automatisierung:

- Einsparung von Personalkosten
- i. d. R. höhere Produktivität
- weitestgehende Ausschaltung menschlicher Fehler

Nachteile der Automatisierung:

- hohe Investitionskosten (Maschinen)
- Verlust von menschlichem Knowhow und „Fingerspitzengefühl"

B Wie unterscheiden sich die verschiedenen Prozesstypen der Fertigung?

Die Unterscheidung der Prozesstypen erfolgt anhand der hergestellten Anzahl gleichartiger Produkte.

1. Woran erkenne ich eine Einzelfertigung?

Die Einzelfertigung kommt vor allem dann vor, wenn ganz individuelle Kundenwünsche bzw. äußere Umstände berücksichtigt werden müssen, sodass sich die Produkte nie vollkommen gleichen.

Es ist nicht nur die Anzahl der Erzeugnisse als absolute Zahl zu betrachten. So kann z. B. auch die Einzelfertigung wiederholt stattfinden. Beispielsweise wird man auch von Einzelfertigung reden, wenn ein Bauunternehmen gleichartige Einfamilienhäuser an verschiedenen Orten baut, da die Bedingungen (Lage, Baugrund, Witterungseinflüsse etc.) nie ganz die gleichen sind. Ähnliches gilt z. B. auch für den Bau von Kreuzfahrtschiffen, Kraftwerken etc.

2. Wie unterscheidet man die Serien- von der Massenfertigung?

Der Übergang von der Großserien- zur Massenfertigung ist fließend. Die Massenfertigung kommt im Idealfall ohne Umrüsten der Produktionsanlage aus, da dauerhaft immer nur das gleiche Produkt erzeugt wird.

Bei der Serienfertigung erfordert die Unterschiedlichkeit der Produkte ein Umrüsten der Produktionsanlage.

Wird in einer Aufgabe auf Umrüstvorgänge bei Maschinen und bestimmte Losgrößen hingewiesen, so deutet das meist auf eine Serienfertigung hin.

3. Wie unterscheidet sich die Serien- von der Sortenfertigung?

Für die Unterscheidung von Serien- und Sortenfertigung ist zu beachten, dass die Erzeugnisse bei der Sortenfertigung aus den gleichen Rohstoffen bestehen und sich nur unwesentlich unterscheiden (z. B. in der Größe). Wenn also z. B. auf der gleichen Anlage Kunststoffrohre in verschiedenen Längen oder verschiedene Geschmacksrichtungen von Schokoladen hergestellt werden, spricht man von Sortenfertigung.

Serienfertigung liegt i. d. R. vor, wenn die Unterschiede eher technischer Natur sind, sodass ein Wechsel der Serie eine erhebliche Umrüstung der Produktionsanlage erfordert (z. B. bei unterschiedlichen Fahrzeugmodellen).

4. Wie unterscheidet man die Massen- von der Sortenfertigung?

Da viele Sortenprodukte (Schrauben, Schokolade etc.) in sehr großen Mengen hergestellt werden, ist eine eindeutige Abgrenzung zur Massenfertigung sehr schwierig.

Bei der Sortenfertigung (z. B. Schokolade) wird die Produktion in regelmäßigen Abständen auf eine andere Sorte umgestellt, bei der Massenfertigung (z. B. Strom) gar nicht bzw. für sehr lange Zeit nicht.

C Wie unterscheiden sich die verschiedenen Organisationstypen der Fertigung?

Grundlegend ist zu unterscheiden, ob die Organisation der Betriebsmittel nach dem Verrichtungsprinzip oder nach dem Objektprinzip erfolgt.

Beim **Verrichtungsprinzip** sind alle Maschinen mit gleicher Funktion räumlich zusammengefasst. Durch diese Zusammenfassung funktionsgleicher Betriebsmittel ergibt sich die typische Werkstättenfertigung.

Richtet sich die Anordnung der Maschinen hingegen nach der Arbeitsfolge am Bearbeitungsobjekt, spricht man vom **Objektprinzip**. Das Objektprinzip liegt z. B. bei der Fließfertigung vor.

Achten Sie darauf, ob in den Situationsangaben der Aufgaben von „Abteilungen" wie z. B. einer Lackiererei, einer Fräserei oder einer Dreherei die Rede ist. Solche Zusammenfassungen von gleichartigen Anlagen deuten immer auf eine Werkstättenfertigung hin.

Welcher Organisationstyp angewendet werden soll, hängt u. a. von folgenden Faktoren ab:

- Art des Produkts (technische Komplexität)
- Ausbringungsmenge
- Kundenwünsche.

Tendenziell besteht folgender Zusammenhang:

geringere Stückzahlen individuelle Produkte technisch komplexe Produkte		hohe Stückzahlen gleichartige Produkte einfache Produkte
Werkstättenfertigung	Reihenfertigung	Fließfertigung

Es ist jedoch keine pauschale Aussage möglich, welcher Fertigungstyp am geeignetsten ist. Die einzelnen Vor- und Nachteile der Organisationstypen müssen von Fall zu Fall gegeneinander abgewogen werden.

Organisationstyp	Vorteile	Nachteile
Werkstättenfertigung	• Bei den Maschinen handelt es sich meist um Universalmaschinen, die flexibel eingesetzt werden können. • Besondere Kundenwünsche sind leichter zu berücksichtigen. • Leichte Kapazitätsanpassung bei schwankenden Auftragseingängen (einzelne Maschinen sind kurzzeitig leicht stillzulegen). • hohe Qualifikation der Arbeitskräfte	• hohe Lohnkosten • hoher Transportaufwand • relativ hoher Planungsaufwand (z. B. Maschinenbelegung, Terminplanung) • eventuell hoher Lageraufwand zwischen den einzelnen Bearbeitungsschritten
Reihenfertigung	• geringerer innerbetrieblicher Transportaufwand • geringer Planungsaufwand (Maschinenbelegung, Terminplanung)	• geringe Flexibilität hinsichtlich der Erfüllung besonderer Kundenwünsche • geringe Anpassungsfähigkeit der Kapazität an Mengenänderungen der Nachfrage
Fließfertigung	• kurze Durchlaufzeit • kurze Transportwege • hohe Produktivität • geringe Lohnkosten (oft werden nur angelernte Arbeiter eingesetzt) • geringer Ausschuss durch Spezialisierung der Arbeiter in der Arbeitsausführung	• hohe Investitionskosten (hohe Fixkosten) • Kapazitätsanpassungen sind kaum möglich. • geringe Flexibilität hinsichtlich der Erfüllung besonderer Kundenwünsche • hohe Störanfälligkeit (beim Ausfall eines Arbeitsplatzes muss das gesamte Band gestoppt werden) • geringe Motivation der Mitarbeiter (ständig gleiche Tätigkeiten, kaum Beziehungen zum Produkt, geringe soziale Kontakte in den Arbeitsphasen) • gesundheitliche Beeinträchtigungen durch einseitige körperliche Belastung der Arbeiter
Gruppenfertigung	• kürzere Transportwege als bei der Werkstättenfertigung • hohe Anpassungsfähigkeit an Marktveränderungen (gegenüber Fließ-/Reihenfertigung) • höhere Motivation der Arbeitskräfte durch abwechslungsreiche Tätigkeiten und Teamarbeit	• längere Transportwege als bei der Fließfertigung • hohe Anforderungen an Teamfähigkeit und Eigenverantwortlichkeit der Arbeiter • geringere Flexibilität als bei der Werkstättenfertigung

Achten Sie darauf, welche Fertigungsverfahren miteinander verglichen werden sollen! Die oben geschilderten Vorteile der Reihenfertigung beispielsweise gelten gegenüber der Werkstättenfertigung, nicht jedoch gegenüber der Fließfertigung.

Mischformen sind möglich! In der Praxis kommen für die Herstellung eines Endprodukts häufig mehrere Fertigungsverfahren zum Einsatz.

Beispiel: Kfz-Industrie
Die Herstellung von Karosserieteilen erfolgt beispielsweise in einem Presswerk nach dem Verrichtungsprinzip (Werkstättenfertigung). Zusammengeschweißt werden die Karosserieteile durch Roboter in einer vollautomatisierten Fertigungsstraße (Fließfertigung). Module (z. B. Getriebe, Autositze, Auspuffanlage etc.) werden sehr oft in Gruppenfertigung hergestellt. Die Endmontage der Automobile erfolgt dann meist in Montagelinien (Fließfertigung).

D Welche Vorteile bringt der Einsatz additiver Fertigungsverfahren?

Mithilfe additiver Fertigungsverfahren lassen sich komplexe Formen erzeugen, bei denen konventionelle Verfahren an ihre Grenzen stoßen. Produkte, die bisher aus mehreren Einzelteilen zusammengebaut werden mussten, können mittels 3-D-Druck als eine ganzheitliche Form hergestellt werden. Gegenüber konventionellen Fertigungsverfahren ergeben sich folgende Vorteile:

- **Geringere Fixkosten:** Wegen der geringen Rüst- und Werkzeugkosten können additive Fertigungsverfahren auch bei der Herstellung von Einzelstücken (Losgröße 1) wirtschaftlich eingesetzt werden.
- **Individualisierung:** Additive Verfahren können flexibel auf Kundenwünsche reagieren und in Losgröße 1 produzieren, was bei konventionellen Verfahren aufgrund des hohen Rüstaufwands unwirtschaftlich wäre.
- **Ressourceneffizienz:** Anders als bei subtraktiven Verfahren geht bei additiven Fertigungsverfahren kaum Material verloren. Materialverbrauch, Abfallquote und Energieverbrauch sind beim 3-D-Druck für gewöhnlich niedriger als bei konventioneller Fertigung.
- **Geometriefreiheit:** Mithilfe des 3-D-Drucks können auch komplexe Formen und Strukturen erzeugt werden, die mit konventionellen Verfahren nicht oder nur mit unverhältnismäßig großem Aufwand realisierbar wären.
- **Gewichtsreduktion:** Durch den Einsatz leichter Materialien und durch bionische Konstruktion kann das Gewicht von Bauteilen bei additiven Verfahren erheblich reduziert werden.
- **Räumliche Flexibilität:** Produktionsort und -zeitpunkt sind bei additiven Fertigungsverfahren relativ frei wählbar. Die benötigten Teile können bei Bedarf vor Ort hergestellt werden. An die Stelle zentraler Großfabriken tritt ein dezentrales Netzwerk aus vielen kleinen und unabhängigen Produktionsstandorten.
- **Kürzere Produktentwicklungszeiten:** Modelle werden in 3-D-CAD-Programmen entworfen und direkt durch 3-D-Drucker gefertigt (Rapid Prototyping). Die zeitaufwendige Werkzeugentwicklung für den Bau von Prototypen und Mustern entfällt.

Die Fertigung hoher Stückzahlen dauert im 3-D-Druckverfahren i. d. R. wesentlich länger als bei konventionellen Fertigungsverfahren. Additive Fertigungsverfahren erweisen sich daher nur bei Einzelfertigung bzw. bei sehr geringen Stückzahlen als wirtschaftlich. Für die Serien- oder Massenfertigung hingegen werden aufgrund der höheren Produktivität nach wie vor konventionelle Fertigungsverfahren bevorzugt.

So trainiere ich für die Prüfung

Aufgaben

1. Wissensfragen

1.1 Lernfragen

1. Welche Fertigungsverfahren lassen sich nach der Anordnung der Betriebsmittel unterscheiden?
2. Unterscheiden Sie Chargen- und Partiefertigung.
3. Was versteht man unter Serienfertigung?
4. Worin besteht die Schwierigkeit bei der Festlegung der Taktung beim Fließbandabgleich?
5. Was versteht man unter dem Begriff Kuppelproduktion?
6. Nennen Sie jeweils zwei Vor- und Nachteile der Werkstättenfertigung.
7. Unterscheiden Sie Reihen- und Fließfertigung.
8. Welche Vorteile hat das Flussprinzip gegenüber der Werkstättenfertigung?
9. Erklären Sie, wodurch sich additive Fertigungsverfahren von konventionellen Fertigungsverfahren unterscheiden.

1.2 Richtig oder falsch?

Sind die folgenden Aussagen richtig oder falsch? Geben Sie auch eine kurze Begründung an:

Aussage	Richtig oder falsch mit Begründung
1. Vom Flussprinzip spricht man immer dann, wenn für die Produktion ein Fließband eingesetzt wird.	
2. Durch die bessere Kapazitätsausnutzung ist die Werkstättenfertigung meist produktiver als die Reihenfertigung.	
3. Die Unterschiede in den Produkten bei der Chargenfertigung sind nicht beabsichtigt.	
4. Bei der Inselfertigung sind alle Arbeitsschritte zeitlich aufeinander abgestimmt.	
5. Die Werkstättenfertigung bietet den Mitarbeitern meist mehr Abwechslung als die Fließfertigung.	
6. Bei der Fließbandfertigung muss zunächst eine Zerlegung der Aufgabe in möglichst kleine Teilschritte erfolgen.	
7. Additive Fertigungsverfahren zeichnen sich durch eine besonders hohe Produktivität aus.	

1.3 Zuordnungsaufgaben

Ordnen Sie zu, um welchen Prozesstyp der Fertigung es sich bei der jeweils beschriebenen Produktion handelt:

Produktion	Prozesstyp
1. Ein Unternehmen baut Kraftwerke.	
2. Ein Elektronikkonzern produziert auf der gleichen Produktionsanlage verschiedene Typen von Flachbildschirmen. Zwischen der Produktion der verschiedenen Typen müssen die Maschinen der Transferstraße umgerüstet werden.	
3. Ein Getränkehersteller produziert mit der gleichen Anlage verschiedene Limonaden. Nach jeweils zwei Tagen wird die Anlage gespült und eine andere Geschmacksrichtung hergestellt und abgefüllt.	
4. Der gleiche Getränkehersteller produziert Mineralwasser in den Sorten spritzig, sanft und still. Die Produktion erfolgt ohne Unterbrechung auf jeweils einer Anlage.	
5. In einer Großbäckerei werden pro Backvorgang 200 Brötchen gebacken. Trotz moderner Technik ist die Temperatur des Ofens nicht bei jedem Backgang exakt gleich, wodurch die Brötchen aus den verschiedenen Backgängen leichte Unterschiede im Bräunungsgrad aufweisen.	
6. Bei der Herstellung von Biodiesel fällt in einem gleichbleibenden Verhältnis Glycerin an.	
7. Bei der Herstellung von Porzellangeschirr wird Porzellanerde aus unterschiedlichen Abbaugebieten verwendet, wodurch sich die Körnung im Produkt leicht unterscheidet.	

2. Fallsituation

Ihr Unternehmen stellt Werkzeugmaschinen her. Für die Produktion verschiedener Formteile, die dann in die Werkzeugmaschinen eingebaut werden, soll eine neue Produktionshalle errichtet werden. Im Vorfeld ist zu klären, wie die Betriebsmittel in der Halle angeordnet werden sollen.

In Lohnarbeit sollen auch für andere Unternehmen Formteile hergestellt werden. Hierbei sind kundenindividuelle Wünsche zu berücksichtigen. Es wird mit einer Tagesproduktion von ca. 1.000 Stück in Losgrößen von 1 bis ca. 100 Stück gerechnet.

Für die Produktion der Formteile sind folgende Bearbeitungsschritte nacheinander nötig:

1. Zusägen des Metallrohlings auf die passende Größe
2. Fräsen
3. Bohren
4. Gewindeschneiden
5. (nochmaliges) Fräsen

Es stehen bislang zwei Sägen (S), zwei Fräsen (F), drei Bohrmaschinen (B) und zwei Gewindeschneidmaschinen (G) zur Verfügung. Gegebenenfalls kann in weitere Maschinen investiert werden.

a) Skizzieren Sie eine mögliche Anordnung der Betriebsmittel nach dem Prinzip der Werkstättenfertigung. Machen Sie auch den Materialfluss deutlich.

Rohstofflager

Lager

b) Skizzieren Sie eine mögliche Anordnung der Betriebsmittel nach dem Prinzip der Reihenfertigung. Machen Sie auch den Materialfluss deutlich.

Rohstofflager

Lager

c) Skizzieren Sie eine mögliche Anordnung der Betriebsmittel nach dem Prinzip der Gruppenfertigung. Machen Sie auch den Materialfluss deutlich.

Rohstofflager

Lager

d) Wägen Sie die Vor- und Nachteile der Fertigungsverfahren ab und begründen Sie, für welches der dargestellten Fertigungsverfahren Sie sich entscheiden würden.

e) Erläutern Sie, warum die Fließfertigung hier nicht sinnvoll ist.

f) Erläutern Sie, inwiefern 3-D-Druck-Verfahren hier sinnvoll eingesetzt werden können. Gehen Sie dabei auf die Vor- und Nachteile additiver Fertigungsverfahren ein.

Lösungen

1. Wissensfragen

1.1 Lernfragen

1. Werkstättenfertigung, Reihenfertigung, Fließfertigung, Inselfertigung (Gruppenfertigung), Baustellenfertigung

2. Bei der Partiefertigung treten Unterschiede im Produkt durch den Einsatz der Rohstoffe auf; bei der Chargenfertigung kommt es zu Unterschieden durch den Produktionsprozess.

3. Auf der gleichen Produktionsanlage wird eine festgelegte Menge eines Produktes hergestellt, dann wird die Maschine umgerüstet und eine bestimmte Menge eines anderen Produktes hergestellt.

4. Am Fließband muss jeder Arbeitsschritt gleich lange dauern, da das Bearbeitungsstück mit gleicher Geschwindigkeit an den jeweiligen Arbeitsplätzen vorbeigeführt wird. Die Schwierigkeit besteht darin, die Arbeit in solche Arbeitsschritte zu zerlegen, dass die Ausführung an allen Bandarbeitsplätzen gleich lange dauert.

5. Bei der Herstellung eines Hauptproduktes fällt ein Nebenprodukt an.

6. Vorteile: hohe Flexibilität, da meist Universalmaschinen verwendet werden, qualifiziertes Fachpersonal wird eingesetzt

   Nachteile: lange Durchlaufzeiten, lange Transportwege (hohe Rüstkosten, lange Liegezeiten, meist viele Zwischenlager)

7. Bei der Reihenfertigung sind die Arbeitsschritte im Gegensatz zur Fließfertigung nicht zeitlich getaktet, sodass zeitliche Puffer (und Zwischenlager) zwischen den einzelnen Arbeitsschritten entstehen.

8. kurze Durchlaufzeiten, kurze Transportwege, höhere Produktivität

9. Bei konventionellen Fertigungsverfahren wird Material von einem Werkstück abgetragen (subtraktive Verfahren) oder umgeformt (formative Verfahren). Additive Fertigungsverfahren erzeugen dreidimensionale Objekte, indem sie Material in dünnen aufeinanderfolgenden Schichten auftragen und verfestigen.

1.2 Richtig oder falsch?

Aussage	Richtig oder falsch mit Begründung
1. Vom Flussprinzip spricht man immer dann, wenn für die Produktion ein Fließband eingesetzt wird.	**Falsch**, auch die Reihenfertigung zählt zum Flussprinzip, das Fließband ist eine besondere Ausprägungsform des Flussprinzips.
2. Durch die bessere Kapazitätsausnutzung ist die Werkstättenfertigung meist produktiver als die Reihenfertigung.	**Falsch**, die Reihenfertigung gilt als produktiver; bei der Werkstättenfertigung wird die Kapazität auch nicht besser genutzt, sie ist lediglich flexibler anzupassen.

3. Die Unterschiede in den Produkten bei der Chargenfertigung sind nicht beabsichtigt.	**Richtig**, der Produktionsprozess lässt sich nicht exakt beherrschen.
4. Bei der Inselfertigung sind alle Arbeitsschritte zeitlich aufeinander abgestimmt.	**Falsch**, die Bearbeitung erfolgt zwar an der Fertigungsinsel in festgelegter Reihenfolge, eine zeitliche Taktung liegt jedoch nicht vor.
5. Die Werkstättenfertigung bietet den Mitarbeitern meist mehr Abwechslung als die Fließfertigung.	**Richtig**, die Bearbeitung in der Werkstättenfertigung ist nicht auf die immer genau gleiche Verrichtung beschränkt.
6. Bei der Fließbandfertigung muss zunächst eine Zerlegung der Aufgabe in möglichst kleine Teilschritte erfolgen.	**Richtig**, die Zerlegung in möglichst kleine Arbeitsschritte erhöht die Produktivität.
7. Additive Fertigungsverfahren zeichnen sich durch eine besonders hohe Produktivität aus.	**Falsch**, die Produktivität ist i.d.R. niedriger als bei konventionellen Fertigungsverfahren.

1.3 Zuordnungsaufgaben

Ordnen Sie zu, um welchen Prozesstyp der Fertigung es sich bei der jeweils beschriebenen Produktion handelt:

Produktion	Prozesstyp
1. Ein Unternehmen baut Kraftwerke.	**Einzelfertigung**
2. Ein Elektronikkonzern produziert auf der gleichen Produktionsanlage verschiedene Typen von Flachbildschirmen. Zwischen der Produktion der verschiedenen Typen müssen die Maschinen der Transferstraße umgerüstet werden.	**Serienfertigung**
3. Ein Getränkehersteller produziert mit der gleichen Anlage verschiedene Limonaden. Nach jeweils zwei Tagen wird die Anlage gespült und eine andere Geschmacksrichtung hergestellt und abgefüllt.	**Sortenfertigung**
4. Der gleiche Getränkehersteller produziert Mineralwasser in den Sorten spritzig, sanft und still. Die Produktion erfolgt ohne Unterbrechung auf jeweils einer Anlage.	**Massenfertigung** (lassen Sie sich durch den Begriff Mineralwassersorten nicht täuschen, es werden auf den jeweiligen Maschinen durchgehend die gleichen Produkte hergestellt)
5. In einer Großbäckerei werden pro Backvorgang 200 Brötchen gebacken. Trotz moderner Technik ist die Temperatur des Ofens nicht bei jedem Backgang exakt gleich, wodurch die Brötchen aus den verschiedenen Backgängen leichte Unterschiede im Bräunungsgrad aufweisen.	**Chargenfertigung** (Unterschiede entstehen durch den Produktionsprozess)
6. Bei der Herstellung von Biodiesel fällt in einem gleichbleibenden Verhältnis Glycerin an.	**Kuppelproduktion**
7. Bei der Herstellung von Porzellangeschirr wird Porzellanerde aus unterschiedlichen Abbaugebieten verwendet, wodurch sich die Körnung im Produkt leicht unterscheidet.	**Partiefertigung** (eingesetzter Rohstoff führt zu geringen Unterschieden)

2. Fallsituation

a)

C

Werkstättenfertigung (Beispiel)

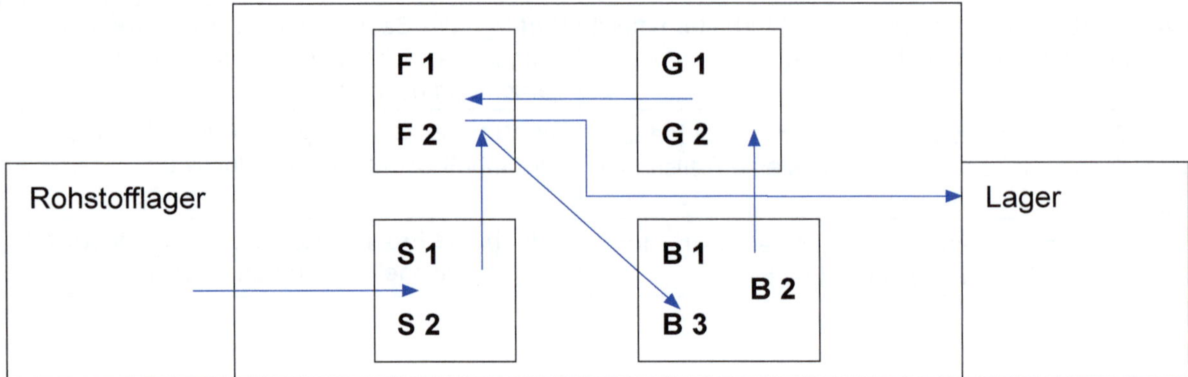

b)

C

Reihenfertigung (Beispiel)

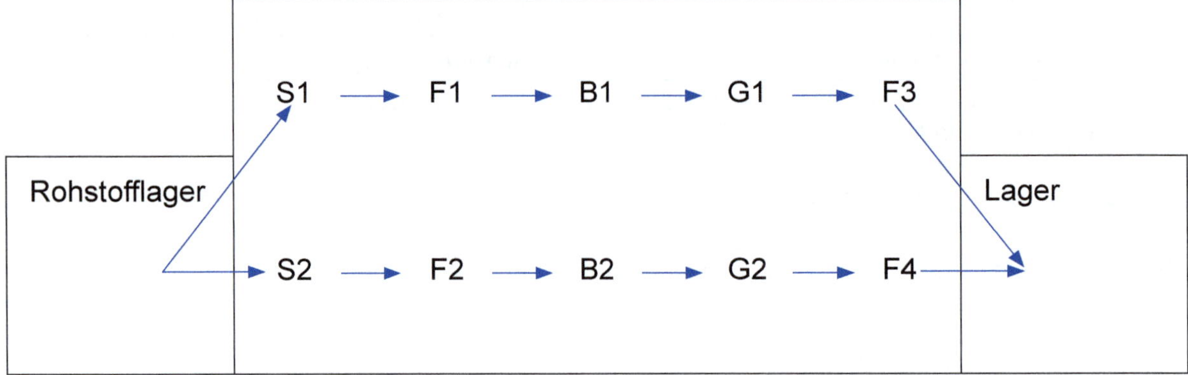

Bei der Reihenfertigung würden zusätzliche Fräsen nötig, dafür könnte eine Bohrmaschine abgebaut werden.

c)

C

Gruppenfertigung

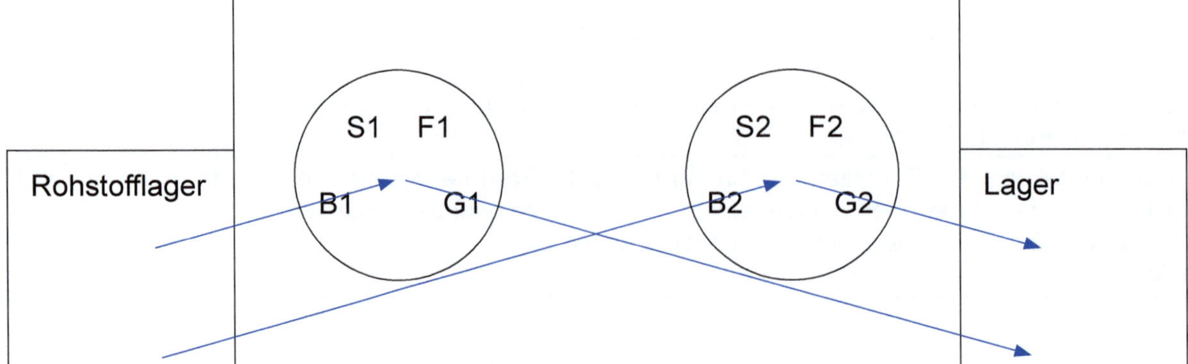

d)

C

Es ist nicht klar zu sagen, welches Fertigungsverfahren am besten ist. Folgende Überlegungen sind zu berücksichtigen:

Die Werkstättenfertigung weist sehr lange Transportwege auf, was zu hohen Kosten führen kann. Die Werkstättenfertigung bietet jedoch sehr gut die Möglichkeit, auf individuelle Kundenwünsche einzugehen. Dies erfordert aber auch häufiges Umrüsten der Maschinen, wodurch Kosten entstehen und die Durchlaufzeit erhöht wird.

Durch die Reihenfertigung werden Transportwege wesentlich verkürzt und die Durchlaufzeit verbessert. Die Produktivitätsvorteile der Reihenfertigung werden jedoch nur umgesetzt, wenn die Maschinen nicht ständig umgerüstet werden. Wenn die individuellen Kundenwünsche dies laufend erforderlich machen, ist die Reihenfertigung nicht so vorteilhaft. Da der Materialfluss nicht rückwärts laufen kann, müssen weitere Fräsen angeschafft werden, um den letzten Bearbeitungsschritt durchzuführen.

Die Gruppenfertigung bietet den Vorteil, dass die Transportwege sehr kurz gehalten sind. Dies ist vor allem bei sehr schweren und sperrigen Produkten von Vorteil (z. B. Maschinenbau). Die Formteile müssten nach der Bearbeitung mit einer Maschine in die jeweils nächste Maschine eingelegt werden, was den Vorteil der Inselfertigung (kein Transport zwischen den Maschinen) relativiert.

Mit Blick auf die Flexibilität der Fertigung (hinsichtlich Kapazität und Produktgestaltung) scheint die Werkstättenfertigung am sinnvollsten. Allerdings erzeugt die Werkstättenfertigung im Vergleich wohl auch die höchsten Kosten.

e)

C

Die Fließfertigung benötigt standardisierte Arbeitsschritte, die sich zeitlich exakt takten lassen und sich ständig wiederholen. Da in diesem Fall kundenindividuelle Wünsche berücksichtigt werden müssen, sind die Voraussetzungen für die Fließfertigung nicht gegeben.

f)

D

Vorteile gegenüber konventionellen Verfahren:
- Geringerer Rüstaufwand
- kundenindividuelle Formen lassen sich leichter realisieren
- geringere Stückkosten bei Einzelfertigung (Losgröße 1)
- geringerer Materialverbrauch

Nachteile gegenüber konventionellen Verfahren:
- geringere Produktivität
- höhere Stückkosten bei größeren Serien

Für die Herstellung kundenindividueller Einzelteile sowie für den Bau von Mustern/Prototypen ist der 3-D-Druck prinzipiell sinnvoll. Bei höheren Stückzahlen ist der 3-D-Druck hingegen eher unwirtschaftlich.

III. Planung und Steuerung des Produktionsprozesses

1. Fertigungsplanung

Die Fertigungsplanung umfasst alle einmaligen Planungsaufgaben, die im Hinblick auf den Fertigungsprozess **vor der Erteilung konkreter Fertigungsaufträge** erfolgen müssen.

Die Fertigungssteuerung bezieht sich auf die **Abwicklung konkreter Fertigungsaufträge**.

Das PPS-System liefert die Datenbasis für die Fertigungsplanung und -steuerung. Die bei der Produktentwicklung erstellten Konstruktionszeichnungen und Stücklisten werden in der Datenbank des PPS-Systems gespeichert. Die Fertigungsplanung greift auf diese Unterlagen zu, um u. a. Arbeitspläne für die Fertigung der Produkte zu erstellen.

Eingehende Kundenaufträge werden in Fertigungsaufträge umgewandelt. Mithilfe der Arbeitspläne kann der konkrete Ablauf der einzelnen Fertigungsaufträge festgelegt werden. Die Fertigungsaufträge werden an den jeweiligen Arbeitsplätzen in der Fertigung bearbeitet und die Arbeitsergebnisse an das PPS-System zurückgemeldet, um den Fortschritt der Aufträge zu dokumentieren.

Das Aufgabengebiet, das sich mit der Fertigungsplanung und -steuerung befasst, wird i. d. R. Arbeitsvorbereitung genannt. Die Arbeitsvorbereitung stellt häufig auch eine organisatorische Einheit (Abteilung) dar.

Zusammenhang zwischen Fertigungsplanung, Fertigungssteuerung und PPS-System:

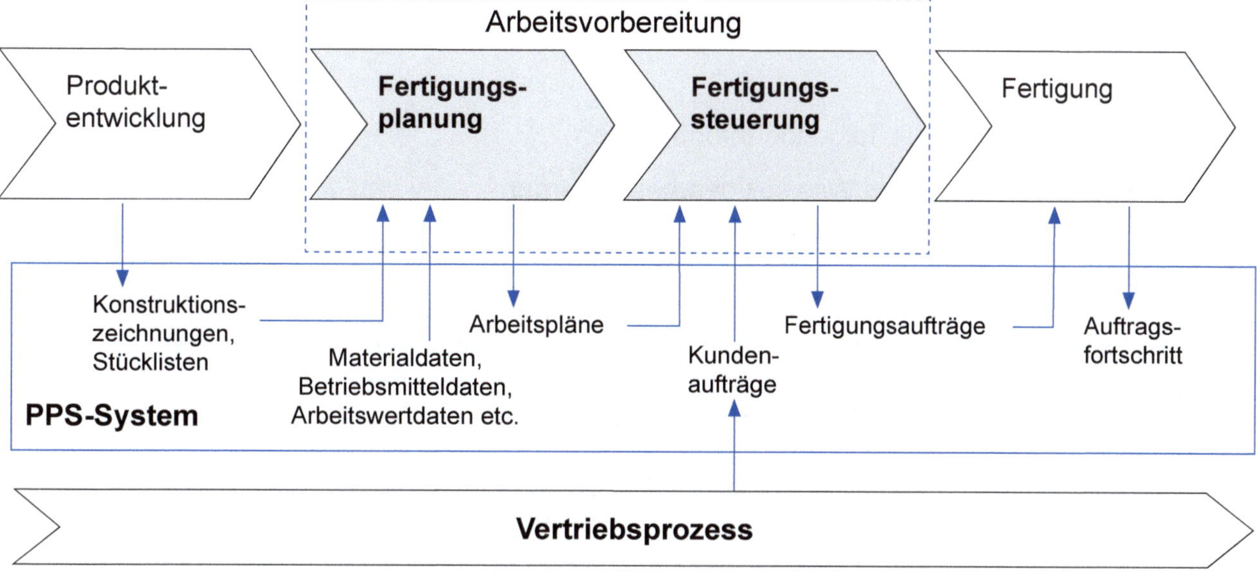

Der Fertigungsplanung kommt vor allem in der Massen- und Serienfertigung große Bedeutung zu, während bei kundenauftragsbezogener Produktion die Fertigungssteuerung die größere Rolle spielt. Eine eindeutige Trennung zwischen Fertigungsplanung und Fertigungssteuerung ist in der betrieblichen Praxis kaum möglich, da sich die Aufgabengebiete zum Teil überlagern.

Was muss ich für die Prüfung wissen?

1.1 Aufgaben der Fertigungsplanung

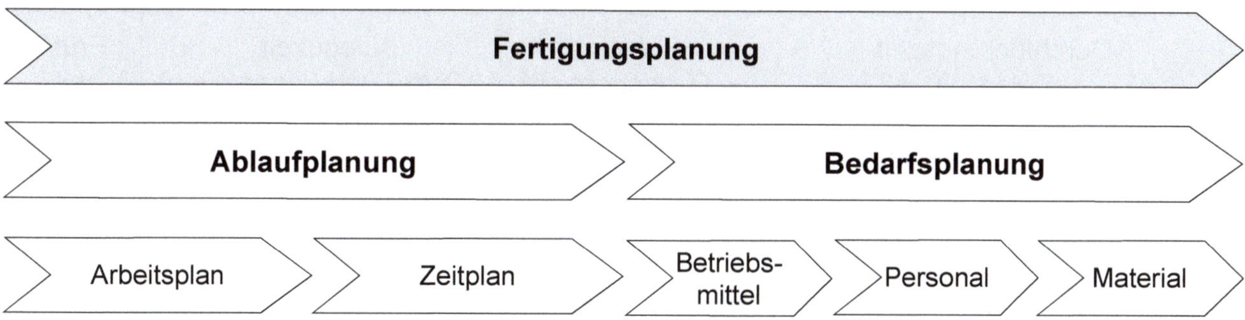

Ablaufplanung: Es wird geplant, wie die Fertigung ablaufen soll und wie viel Zeit dafür benötigt wird.

Bedarfsplanung: Es wird der für die Fertigung notwendige Bedarf an Betriebsmitteln, Arbeitskräften und Material geplant.

1.2 Der Arbeitsplan

Der Arbeitsplan legt den zur Herstellung eines Erzeugnisses notwendigen Arbeitsablauf fest.

Der Arbeitsplan enthält i. d. R. folgende Informationen:

- Arbeitsobjekt (Werkstück) ⇒ Was soll bearbeitet werden?
- Arbeitsvorgänge ⇒ Welche Arbeiten sind zu verrichten?
- Arbeitsfolge ⇒ In welcher Reihenfolge finden die Arbeitsschritte statt?
- Arbeitsplätze (Kostenstellen) ⇒ Wo bzw. von wem werden die Arbeiten durchgeführt?
- Zeiten (Rüst-/Ausführungszeiten) ⇒ Wie lange dauern die einzelnen Arbeitsschritte?
- Werkstoffe ⇒ Welche Materialien (bzw. Bauteile) werden dafür benötigt?
- Hilfsmittel ⇒ Welche Betriebsmittel, Werkzeuge etc. sollen für die Arbeitsverrichtung eingesetzt werden?
- Arbeitswert ⇒ Welcher Lohngruppe/Entgeltstufe ist der Arbeitsschritt zuzuordnen?

Die zur Erstellung von Arbeitsplänen notwendigen Daten (Konstruktionszeichnungen, Stücklisten, Material-, Betriebsmittel-, Arbeitswertdaten etc.) können aus der PPS-Datenbank entnommen werden. Die erstellten Arbeitspläne werden ebenfalls dort hinterlegt.

1.3 Die Planung der Durchlaufzeit

Die Durchlaufzeit in der Fertigung ist die Zeitspanne zwischen dem Beginn des ersten Arbeitsganges und dem Ende des letzten Arbeitsganges.

Zusammensetzung der Durchlaufzeit:

<table>
<tr><td colspan="5">Durchlaufzeit</td></tr>
<tr><td colspan="2">Durchführungszeit
(Belegzeit)</td><td rowspan="2">Förderzeit
(Transportzeit)</td><td rowspan="2">Liegezeit
(Warte- und Lagerzeiten)</td><td rowspan="2">Prüf-
zeit</td></tr>
<tr><td>Rüstzeit</td><td>Ausführungszeit
(Bearbeitungs-
zeit)</td></tr>
</table>

Rüstzeit: Zeit, die benötigt wird, um einen Arbeitsplatz für die Durchführung eines Arbeitsvorganges vorzubereiten und anschließend wieder in den Ausgangszustand zurückzuversetzen. Sie fällt für jeden Arbeitsvorgang unabhängig von der Stückzahl nur einmal an und ist deshalb auflagefix.

Ausführungszeit: Zeit, die für die Bearbeitung der Werkstücke am jeweiligen Arbeitsplatz benötigt wird. Sie hängt von der Stückzahl ab und hat somit variablen Charakter.

Durchführungszeit: Zeit, die für die Durchführung eines Arbeitsvorganges an einem Arbeitsplatz inkl. der Rüstzeit benötigt wird. Da der Arbeitsplatz bzw. die Maschine in dieser Zeit mit dem Auftrag belegt ist, spricht man auch von „Belegzeit“.

Förderzeit: Zeit für den Transport von Werkstücken zwischen den Arbeitsplätzen bzw. vom Lager zum Arbeitsplatz.

Liegezeit: Zeit, in der Werkstücke zwischen den Arbeitsschritten liegen, ohne bearbeitet oder transportiert zu werden. Liegezeiten können technisch bedingt sein (kühlen, trocknen etc.) oder kapazitätsbedingt sein (warten vor dem Arbeitsplatz).

Prüfzeit: Zeit, die benötigt wird, um Werkstücke nach bzw. vor der Verrichtung eines Arbeitsvorganges zu prüfen. Unter Umständen können Prüfvorgänge auch als eigener Arbeitsgang im Rahmen der Ausführungszeit eingeordnet werden.

1.4 Bedarfsplanung

Materialbedarf: Die für die Fertigung notwendige Menge an Bauteilen, Baugruppen, Roh- und Hilfsstoffen kann bedarfs- oder verbrauchsgesteuert ermittelt werden (siehe Trainingsmodul Beschaffungsprozesse (GP 2)).

Betriebsmittelbedarf: Neben den Maschinen sind ggf. auch noch andere Fertigungshilfsmittel erforderlich (Werkzeuge, Messvorrichtungen, Lehren/Prüfmittel, Förderzeuge). Im Gegensatz zum Material können Betriebsmittel (insbesondere Maschinen) nicht kurzfristig beschafft werden. Der Betriebsmittelbestand ist langfristig zu planen.

Personalbedarf: Der für die Fertigung benötigte Personalbestand muss quantitativ und qualitativ geplant werden. Auch die Personalplanung ist eher langfristig orientiert. Kurzfristige Personalbeschaffungsmaßnahmen (z. B. Zeitarbeit) ergänzen die langfristigen Planungen und sorgen für mehr Flexibilität (siehe Trainingsmodul Personalprozesse (GP 4)).

Betriebsmittel und Personal sind maßgebend für die Kapazität der Fertigung.

1.5 Smart Factory und Industrie 4.0

Die sog. „vierte industrielle Revolution" – kurz Industrie 4.0 – umschreibt den technologischen Wandel der klassischen Produktionssysteme hin zu autonomen cyber-physischen Produktionssystemen (Smart Factory).

Industrie 4.0 – Merkmale	
Leitprinzip	• Smart Factory
Vorrangige Ziele	• Flexibilisierung • Individualisierung • Schnelligkeit
Produkte	• Individualisierte und „intelligente" Produkte (Smart Products)
Organisation	• Dezentrales, sich selbst organisierendes Produktionsnetzwerk
Steuerungssystem	• Cyber-Physical Production Systems (CPPS) ⇒ dynamische und selbstkonfigurierende Produktionssysteme
Technologien	• Internet der Dinge und Dienste • Cyber-Physical-Systems • Cloud Computing

Smart Factory: In der Smart Factory kommunizieren Menschen, Maschinen und Ressourcen miteinander wie in einem sozialen Netzwerk. Sie organisiert und optimiert ihre Abläufe autonom, die technische Basis hierfür bilden Cyber-Physical-Systems (CPS).

Cyber-Physical-Systems (CPS): umfassen eingebettete Systeme, Produktions-, Logistik-, Engineering-, Koordinations- und Managementprozesse sowie Internetdienste, die mittels Sensoren unmittelbar physikalische Daten erfassen und mit Aktoren auf physikalische Vorgänge einwirken.

Internet of Things (IOT): Verknüpfung physischer Objekte (Dinge) mit einer virtuellen Repräsentation im Internet oder einer internetähnlichen Struktur.

Was erwartet mich in der Prüfung?

1. Das Lernlabyrinth

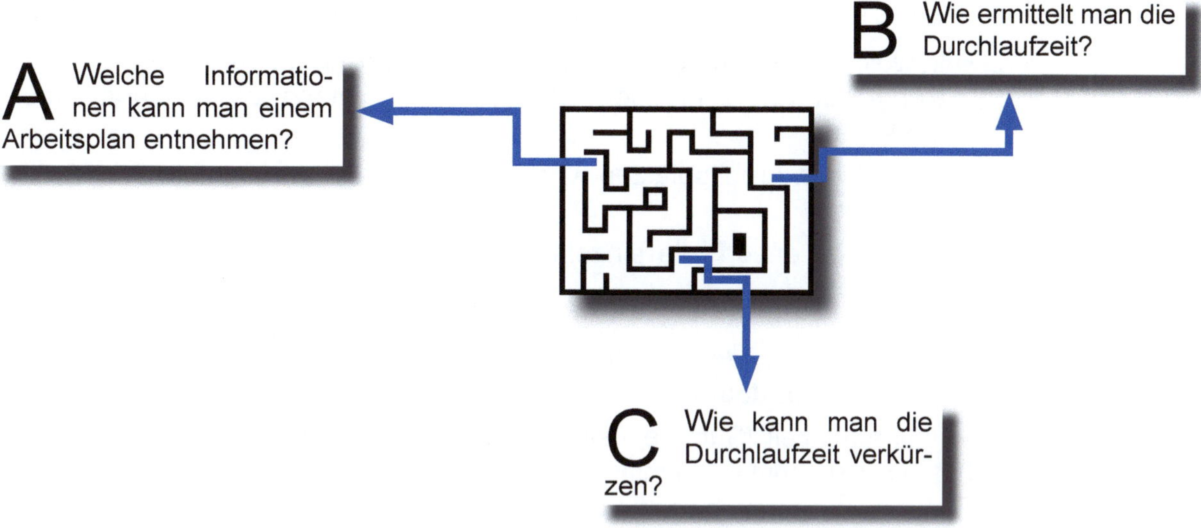

2. Wege aus dem Labyrinth

A Welche Informationen kann man einem Arbeitsplan entnehmen?

Beispiel: Rahmenfertigung in einer Fahrradfabrik
Die für den Rahmen benötigten Rohre werden mit einer Laserschneidmaschine auf Maß geschnitten. Die einzelnen Rohre werden dann in eine Spannvorrichtung gelegt und von Robotern zusammengeschweißt. Anschließend werden die Lagersitze am Steuerrohr und Tretlager mithilfe einer CNC-Fräsmaschine gefräst. Das Tretlagergewinde wird an einer CNC-Drehmaschine geschnitten. Schließlich wird der fertige Rahmen in einem Strahlautomaten durch Sandstrahlen gereinigt und die Oberfläche somit für das Lackieren vorbereitet.

Auszug aus dem Arbeitsplan:

Arbeitsplan-Nr: 2015
Gegenstand: Fahrradrahmen Mountainbikes, Typ „Terra X“
Teil-Nr.: 14020
Werkstoff: Aluminium
Zeichnungs-Nr.: 125-004

Arbeits-platz	Arbeits-vorgang	Beschreibung	Betriebs-mittel-Nr.	Zeit je Einheit t_e (Minuten)	Rüstzeit t_r (Minuten)
0210	010	Rohre auf Maß schneiden	120	1,0	10
0200	020	Rohrteile verschweißen	125	1,2	20
0220	030	Lagersitze fräsen	110	0,4	10
0240	040	Tretlagergewinde schneiden	260	0,6	10
0250	050	Sandstrahlen	340	0,4	10

Im Einzelnen lassen sich diesem Arbeitsplan folgende Informationen entnehmen:

- Was soll hergestellt werden? ⇒ Fahrradrahmen vom Typ „Terra X“
- Welcher Werkstoff wird verwendet? ⇒ Aluminium
- Wie finde ich die zugehörige Konstruktionszeichnung? ⇒ Zeichnungs-Nr. 125-004
- Welche Arbeiten sind zu verrichten? ⇒ Spalten Arbeitsvorgang und Beschreibung (010 Rohre auf Maß schneiden, 020 Rohrteile verschweißen etc.)
- In welcher Reihenfolge werden die Arbeitsvorgänge durchgeführt? ⇒ Zuerst Rohre auf Maß schneiden, dann Rohrteile verschweißen, dann Lagersitze fräsen etc.
- An welchen Arbeitsplätzen werden die Arbeiten durchgeführt? ⇒ Spalte Arbeitsplatz
- Wie lange dauern die einzelnen Arbeitsschritte? ⇒ Spalten Zeit je Einheit und Rüstzeit

1. Wie lange würde nun die Herstellung eines Erzeugnisses gemäß dem Arbeitsplan dauern?

Ausführungszeit (Summe Zeiten je Einheit) = 1,0 min + 1,2 min + 0,4 min + 0,6 min + 0,4 min = 3,6 min
Summe Rüstzeit = 10 min + 20 min + 10 min + 10 min + 10 min = 60 min
Durchführungszeit für 1 Stück = 3,6 min + 60 min = 63,6 min

Die Herstellung eines Fahrradrahmens würde gemäß Arbeitsplan 63,6 Minuten dauern.

2. Wie lange würde die Herstellung von 100 Erzeugnissen dauern?

Annahme: Der Fertigungsauftrag wird als 1 Los produziert (Losgröße = 100 Stück). Es muss innerhalb des Fertigungsauftrages kein Umstellen der Maschinen erfolgen.

Trennen Sie Rüstzeiten und Ausführungszeiten!

Die Fräsmaschine muss beispielsweise vor dem Fräsvorgang auf die Abmessungen der Werkstücke eingestellt und programmiert werden. Diese einmaligen Arbeitsschritte gehören zur Rüstzeit, die pro Fertigungslos immer gleich (auflagefix) ist. Der Fräsvorgang selbst wiederholt sich bei jedem eingespannten Werkstück, sodass die hierfür benötigten Zeiten variablen Charakter haben.

Die Rüstzeiten fallen unabhängig von der Stückzahl pro Arbeitsgang nur einmal an!

Durchführungszeit für 100 Rahmen = 100 · 3,6 min (Ausführungszeit) + 60 min (Rüstzeit) = 420 min

Die Herstellung von 100 Rahmen würde 420 Minuten dauern.

B Wie ermittelt man die Durchlaufzeit?

Beispiel: Zusätzlich zu den Zeiten der im Arbeitsplan enthaltenen Arbeitsvorgänge fallen für die 100 Rahmen noch folgende Zeiten an:

- Liegezeit: 20 min (vor dem Sandstrahlen, kapazitätsbedingt)
- Förderzeit: 10 min (jeweils nach den ersten vier Arbeitsgängen)
- Prüfzeit: 10 min (nach dem Sandstrahlen)

Nr.	Vorgang	Dauer in Minuten																																																	
											100										200										300										400										500
010	Rohre auf Maß schneiden	R	A	A	A	A	A	A	A	A	A	A	F																																						
020	Rohrteile verschweißen													R	R	A	A	A	A	A	A	A	A	A	A	A	A	F																							
030	Lagersitze fräsen																												R	A	A	A	A	F																	
040	Tretlagergewinde schneiden																																		R	A	A	A	A	A	A	F									
050	Sandstrahlen																																										L	L	R	A	A	A	A	P	

R = Rüstzeit, A = Ausführungszeit, F = Förderzeit, L = Liegezeit, P = Prüfzeit

Durchlaufzeit für 100 Stück = 100 · 3,6 min (Ausführungszeit) + 60 min (Rüstzeit) + 20 min (Liegezeit) + 4 · 10 min (Förderzeit) + 10 min (Prüfzeit) = 490 min

Die gesamte Durchlaufzeit für einen Fertigungsauftrag über 100 Fahrradrahmen beträgt 490 Minuten.

C Wie kann man die Durchlaufzeit verkürzen?

Vorschlag 1: Überlappung von Arbeitsgängen: Bearbeitete Werkstücke können bereits zum nächsten Arbeitsgang geleitet werden, bevor alle Werkstücke den alten Arbeitsgang durchlaufen haben. Dadurch können mehrere Arbeitsschritte parallel ausgeführt werden. Allerdings erhöht sich hierbei auch der Transportaufwand.

Beispiel: Weitergabe bereits nach 50 Stück
Es werden nun jeweils die ersten 50 Rahmen nach der Bearbeitung zum nächsten Arbeitsvorgang weitergegeben.

Nr.	Vorgang	Dauer in Minuten																																																	
											100										200										300										400										500
010	Rohre auf Maß schneiden	R	A	A	A	A	A	F																																											
								A	A	A	A	A	F																																						
020	Rohrteile verschweißen								R	R	A	A	A	A	A	A	F																																		
														L	L	L	A	A	A	A	A	A	F																										
030	Lagersitze fräsen																	R	A	A	F																														
																							A	A	F																								
040	Tretlagergewinde schneiden																					R	A	A	A	F																									
																										A	A	A	F																				
050	Sandstrahlen																										L	L	R	A	A	P																			
																														L	L	A	A	P															

Es wird davon ausgegangen, dass an einer Maschine nur ein Werkstück und nicht mehrere Werkstücke gleichzeitig bearbeitet werden können. Innerhalb eines Vorganges ist deshalb keine Überlappung der Ausführungszeiten möglich. Die schnellere Weitergabe der Werkstücke ermöglicht es jedoch, dass z. B. mit dem Gewindeschneiden begonnen werden kann, während andere Werkstücke sich noch beim Fräsen befinden.

Im vorliegenden Fall konnte die Durchlaufzeit des Fertigungsauftrages von 490 Minuten auf 340 Minuten verkürzt werden. Insgesamt finden nun aber doppelt so viele Transportvorgänge zwischen den Arbeitsplätzen statt als vorher.

Vorschlag 2: Unproduktive Nebenzeiten reduzieren! Ein erheblicher Teil der Durchlaufzeit besteht oft aus Rüstzeiten, Liegezeiten etc., in denen keine produktive Arbeit am Werkstück erfolgt. Aus diesem Grund setzen Maßnahmen zur Durchlaufzeitverkürzung sehr oft bei diesen Zeiten an.

Beispiel: Offline-Programmierung
Moderne CNC-Maschinen und Roboter können „offline“ für den nächsten Fertigungsauftrag programmiert werden. Eine Unterbrechung der Maschinenlaufzeit wegen eines Rüstvorgangs ist somit nicht erforderlich. Die Produktion kann laufen, während in der Arbeitsvorbereitung gleichzeitig das Programm für den nächsten Fertigungsauftrag erstellt wird. Die Durchlaufzeit der Werkstücke kann beschleunigt werden, da die Rüstzeiten an der Maschine weitestgehend entfallen.

D **Wie beeinflusst die Smart Factory (Industrie 4.0) das Produktionssystem?**

Produktentwicklung und die Produktionsplanung erfolgen durch Simulationen in einer virtuellen Welt. Die so entwickelten Produkte und geplanten Produktionsabläufe werden dann in der realen Produktion (Produktions-Engineering und -ausführung) unter Anwendung von Automatisierungssoftware umgesetzt.

Physikalische Prozesse, wie z. B. der Verschleiß von Maschinenteilen oder der Zustand eines Werkstücks, werden also unmittelbar über in der Maschine bzw. in dem Werkstück sitzende Sensoren automatisch erkannt und an das System gemeldet (cyber-physikalische Systeme).

In der Cloud werden die so gewonnenen Daten verschiedener „intelligenter Objekte“ via Internet gesammelt und gespeichert. Die Cloud ermöglicht einen weltweiten Zugriff auf die Daten durch andere Systeme oder Mitarbeiter, die das Problem aus der Ferne lösen können. Die so angestoßenen Prozesse (z. B. Austausch eines Verschleißteils, Bearbeitung eines Werkstücks) werden dann vor Ort im Idealfall automatisch durchgeführt.

Folgende Ziele können in der Smart Factory realisiert werden:
- Steigerung der Produktivität
- Verkürzung der Produktentwicklungszeiten
- Reduzierung von Rüstzeiten
- Erhöhung der Flexibilität (Produktion in Losgröße 1)
- Reduzierung der Durchlaufzeiten
- Verringerung der Fehlerquote
- etc.

So trainiere ich für die Prüfung

Aufgaben

1. Wissensfragen

1.1 Lernfragen

1. Was ist der Unterschied zwischen Fertigungsplanung und Fertigungssteuerung?

2. Nennen Sie vier Informationen, die ein Arbeitsplan enthält.

3. Zählen Sie vier Zeitarten auf, die zur Durchlaufzeit gehören.

4. Erklären Sie, was unter der Rüstzeit zu verstehen ist.

5. Führen Sie an, welche drei Faktoren im Rahmen der Bedarfsplanung zu planen sind.

6. Nennen Sie drei für eine Smart Factory typische Technologien.

1.2 Mehrfachauswahl

1. Welche der folgenden Informationen lässt sich einem Arbeitsplan nicht entnehmen?

a) Die Ausführungszeiten für die einzelnen Arbeitsvorgänge
b) Die zur Vorbereitung der Arbeitsplätze anfallenden Rüstkosten
c) Die Reihenfolge der zur Herstellung eines Erzeugnisses notwendigen Arbeitsschritte
d) Die Arbeitsplätze bzw. Kostenstellen, an denen die Arbeitsvorgänge durchgeführt werden
e) Die Nummer der zum Erzeugnis gehörigen Konstruktionszeichnung

2. Mithilfe welcher Formel lässt sich die Durchlaufzeit von Fertigungsaufträgen berechnen?

a) Rüstzeit + Liegezeit + Ausführungszeit + Förderzeit + Prüfzeit
b) Lagerzeit + Wartezeit + Liegezeit + Transportzeit + Prüfzeit + Rüstzeit
c) Rüstzeit + Ausführungszeit + Durchführungszeit + Liegezeit + Förderzeit + Prüfzeit
d) Durchführungszeit + Rüstzeit + Wartezeit + Lagerzeit + Förderzeit + Prüfzeit
e) Förderzeit + Rüstzeit + Prüfzeit + Lagerzeit + Durchführungszeit

3. Welche der folgenden Aufgaben gehören nicht zur Fertigungsplanung?

a) Planung der Rüstzeiten für einen Arbeitsgang
b) Planung der Arbeitsabläufe
c) Ermittlung der optimalen Losgröße für einen Fertigungsauftrag
d) Erstellung von Arbeitsplänen
e) Ermittlung des Fertigstellungstermins eines Kundenauftrags
f) Planung des für die Fertigung notwendigen Betriebsmittelbestandes
g) Planung des für die Fertigung notwendigen Materialbedarfes

4. In ein Werkstück aus Metall soll an einer CNC-Drehmaschine ein Gewinde geschnitten werden. Ordnen Sie zu, um welche Zeitart es sich jeweils handelt.

a) Der Arbeiter studiert die Konstruktionszeichnung für das zu bearbeitende Werkstück.
b) Ein Arbeiter ruft das entsprechende Programm für die Drehbearbeitung auf und tätigt die erforderlichen Programmeingaben.
c) Der für die Werkstückbearbeitung erforderliche Werkzeugwechsel wird vorgenommen.
d) Das Werkstück wird in die Maschine eingespannt.
e) Die Maschine schneidet ein Gewinde in das Werkstück.
f) Das Werkstück wird aus der Maschine herausgenommen.
g) Das Werkstück wird zum nächsten Arbeitsgang transportiert.
h) Das Werkstück befindet sich vor der Weiterbearbeitung vorübergehend in einem Zwischenlager.

Zeitart	Fall/Fälle
Ausführungszeit	
Rüstzeit	
Liegezeit	
Förderzeit	

5. Welche der folgenden Maßnahmen verkürzen die Durchlaufzeit?

a) Material wird von den Lieferanten nicht mehr auf Vorrat, sondern just in time bezogen.
b) CNC-Maschinen werden offline programmiert, ohne die Maschinenlaufzeit zu unterbrechen.
c) Der Transport von Werkstücken innerhalb der Fertigung wird durch eine moderne Transportvorrichtung beschleunigt.
d) Ein neuer Lieferant sagt kürzere Lieferzeiten zu.
e) Ein neuer Spediteur benötigt für den Transport zum Kunden 20 % weniger an Zeit.
f) Durch eine Trocknungsanlage entfällt die Zeit, in der die Werkstücke nach dem Lackieren trocknen müssen, bevor sie weiterbearbeitet werden können.

2. Fallsituationen

2.1 Fall 1

Ein Werkstück aus Stahl soll an einer Drehmaschine bearbeitet werden. Aus dem Arbeitsplan sind folgende Informationen bekannt.

Arbeitsfolge	Arbeitsvorgang	Zeitvorgabe in Minuten	Zeitart
1	Fertigungsauftrag und Konstruktionszeichnung lesen	10,0	
2	Werkzeug holen und einspannen	4,0	
3	Maschine einstellen	6,0	
4	Werkstück einspannen	0,5	
5	Werkzeug anstellen, Maschine einschalten	0,2	
6	Bohrung ausdrehen	1,4	
7	Zurückfahren und Werkzeug anstellen	0,1	
8	Plandrehen	1,8	
9	Werkstück ausspannen und ablegen	0,1	
10	Werkzeug ausspannen und aufräumen	4,0	

a) Geben Sie an, um welche Zeitart es sich bei den einzelnen Arbeitsvorgängen jeweils handelt (t_e = Ausführungszeit je Einheit, t_r = Rüstzeit).

b) Wie viele Minuten beträgt die Ausführungszeit für 1 Stück?

c) Ermitteln Sie die Zeit für die Durchführung eines Fertigungsauftrages über 100 Stück.

2.2 Fall 2

Für die Bearbeitung einer Grundplatte aus Stahl liegt folgender Arbeitsplan vor:

Arbeitsplan-Nr: 2390
Gegenstand: Grundplatte
Teil-Nr.: 3905
Werkstoff: Stahl EN10268-3-H400LA
Zeichnungs-Nr.: 12-456

Arbeitsplatz	Arbeitsvorgang	Beschreibung	Betriebs-Mittel-Nr.	Zeit je Einheit t_e (Minuten)	Rüstzeit t_r (Minuten)
0210	010	Fräsen	120	3,0	20
0240	020	Bohren	140	2,0	15
0220	030	Drehen	140	3,0	10
0230	040	Entgraten	110	3,0	15

Ferner sind noch folgende Zeiten zu berücksichtigen:
Transportzeiten: Vom Fräsen zum Bohren 5 min, vom Drehen zum Entgraten 5 min
Liegezeiten: kapazitätsbedingte Liegezeit vor dem Entgraten 20 min

a) Vervollständigen Sie den Zeitplan für einen Auftrag über 10 Stück. Gehen Sie dabei davon aus, dass der Auftrag als 1 Los gefertigt wird. Tragen Sie folgende Abkürzungen in die Kästchen ein: R = Rüstzeit, L = Liegezeit, A = Ausführungszeit, F = Förderzeit. Wie viele Minuten beträgt die Durchlaufzeit für den Auftrag?

Nr.	Vorgang	50 min	100 min	150 min	200 min
010	Fräsen				
020	Bohren				
030	Drehen				
040	Entgraten				

b) Um wie viele Minuten würde sich die Durchlaufzeit verkürzen, wenn die ersten fünf bearbeiteten Werkstücke jeweils zum nächsten Arbeitsgang gebracht werden?

Nr.	Vorgang	50 min	100 min	150 min	200 min

c) Unterbreiten Sie einen Vorschlag, wie man mithilfe moderner CNC-Technik die Durchlaufzeit reduzieren könnte.

d) Welche Auswirkungen könnten sich in der Smart Factory auf den Fertigungsprozess ergeben?

Lösungen

1. Wissensfragen

1.1 Lernfragen

1. Die Fertigungsplanung umfasst alle einmaligen Planungsaufgaben, die im Hinblick auf den Fertigungsprozess vor der Erteilung konkreter Fertigungsaufträge erfolgen müssen. Die Fertigungssteuerung bezieht sich auf die Abwicklung konkreter Fertigungsaufträge.

2. z. B. Werkstück, Arbeitsvorgänge, Arbeitsplätze (Kostenstellen), Vorgabezeiten

3. z. B. Ausführungszeit, Rüstzeit, Förderzeit, Liegezeit, Prüfzeit

4. Rüstzeit ist die Zeit, die benötigt wird, um einen Arbeitsplatz für die Durchführung eines Arbeitsvorganges vorzubereiten und anschließend wieder in den Ausgangszustand zurückzuversetzen.

5. Materialbedarf, Betriebsmittelbedarf, Personalbedarf

6. Cyber-physische Systeme, Internet of Things, Cloud Computing

1.2 Mehrfachauswahl

1. b

Nicht die Rüstkosten, sondern die Rüstzeiten sind im Arbeitsplan enthalten.

2. a

3. c, e

Die Ermittlung der optimalen Losgröße und des Fertigstellungstermins beziehen sich bereits auf konkrete Fertigungs- bzw. Kundenaufträge.

4.

Zeitart	Fall/Fälle
Ausführungszeit	**d, e, f**
Rüstzeit	**a, b, c**
Liegezeit	**h**
Förderzeit	**g**

5. b, c, f

b) Rüstzeitverkürzung
c) Förderzeitverkürzung
f) Liegezeit entfällt
a), d) Beschaffungszeiten gehören nicht zur Durchlaufzeit.
e) Die Lieferung zum Kunden gehört nicht mehr zur Durchlaufzeit.

2. Fallsituationen

2.1 Fall 1

a)

A

Arbeits-folge	Arbeitsvorgang	Zeitvorgabe in Minuten	Zeitart
1	Fertigungsauftrag und Konstruktionszeichnung lesen	10,0	t_r
2	Werkzeug holen und einspannen	4,0	t_r
3	Maschine einstellen	6,0	t_r
4	Werkstück einspannen	0,5	t_e
5	Werkzeug anstellen, Maschine einschalten	0,2	t_e
6	Bohrung ausdrehen	1,4	t_e
7	Zurückfahren und Werkzeug anstellen	0,1	t_e
8	Plandrehen	1,8	t_e
9	Werkstück ausspannen und ablegen	0,1	t_e
10	Werkzeug ausspannen und aufräumen	4,0	t_r

b)

B

0,5 min + 0,2 min + 1,4 min + 0,1 min + 1,8 min + 0,1 min = **4,1 min**

c)

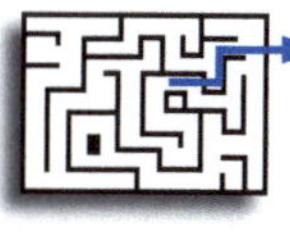
B

4,1 min · 100 + Rüstzeit = 410 min + 10,0 min + 4,0 min + 6,0 min + 4,0 min = **434 min**

2.2 Fall 2

a)

A

Nr.	Vorgang										50 min										100 min										150 min										200 min
010	Fräsen	R	R	R	R	A	A	A	A	A	A	F																													
020	Bohren												R	R	R	A	A	A	A																						
030	Drehen																			R	R	A	A	A	A	A	A	F													
040	Entgraten																												L	L	L	L	R	R	R	A	A	A	A	A	A

Die Durchlaufzeit für einen Auftrag über 10 Stück beträgt 200 Minuten.

Rechnerisch:
Ausführungszeit je Einheit = 3,0 min + 2,0 min + 3,0 min + 3,0 min = 11 min
Rüstzeit = 20 min + 15 min + 10 min + 15 min = 60 min
10 · 11 min + 60 min + 2 · 5 min + 20 min = **200 min**

B, C

b)

Nr.	Vorgang										50 min										100 min										150 min										200 min
010	Fräsen	R	R	R	R	A	A	A	F																																
									A	A	A	F																													
020	Bohren									R	R	R	A	A																											
													L	L	A	A																									
030	Drehen														L	L	R	R	A	A	A	F																			
																L	L	L	L	L	A	A	A	F																
040	Entgraten																						L	L	L	L	R	R	R	A	A	A									
																									L	L	L	L	L	L	L	A	A	A						

Die Durchlaufzeit kann um 30 min verkürzt werden (von 200 min auf 170 min).

Da das Bohren und Drehen auf der gleichen Maschine ablaufen, ist bei diesen beiden Arbeitsgängen keine Überlappung der Ausführungszeiten möglich.

C

c)

z. B. Offline-Programmierung:
Die Maschine läuft weiter, während das Programm für den nächsten Fertigungsauftrag „offline" erstellt wird. Rüstzeitbedingte Unterbrechungen können somit minimiert und die Durchlaufzeiten beschleunigt werden.

D

d)

Durch den Einsatz cyber-physischer Produktionssysteme könnte das Werkstück die für die Bearbeitung notwendigen Informationen direkt an die Maschinen geben. Rüstzeiten könnten so minimiert und menschliche Fehler beim Einstellen der Maschinen weitestgehend ausgeschlossen werden.

Maschinenzustände werden mittels Sensortechnik erfasst, sodass notwendige Instandhaltungsmaßnahmen rechtzeitig eingeleitet werden können. Die wartungs- und störungsbedingten Maschinenstillstandszeiten können so minimiert werden.

In der Folge würde sich die Durchlaufzeit verringern und die Produktivität steigen.

2. Optimale Losgröße

Was muss ich für die Prüfung wissen?

2.1 Aufgaben der Fertigungssteuerung

Die Fertigungssteuerung lenkt und überwacht die Durchführung konkreter Fertigungsaufträge.

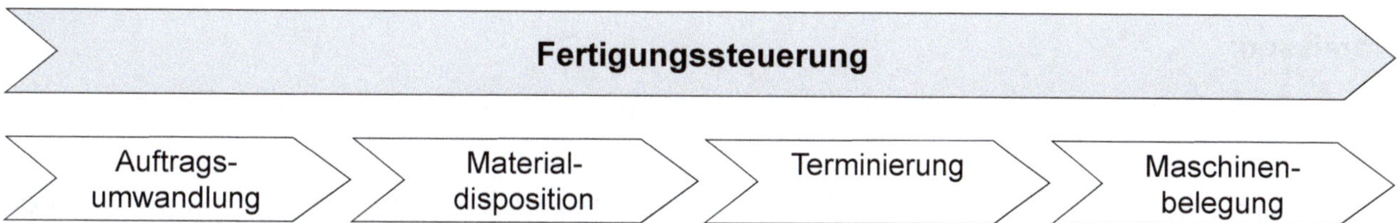

Auftragsumwandlung: Eingehende Kundenaufträge werden in Fertigungsaufträge umgewandelt. Dabei können auch mehrere Kundenaufträge zu einem Fertigungsauftrag zusammengefasst oder einzelne Kundenaufträge in mehrere Fertigungsaufträge unterteilt werden.

Materialdisposition: Die für die Durchführung der Fertigungsaufträge benötigten Materialien müssen bereitgestellt werden. Hierzu werden bedarfs- oder verbrauchsgesteuerte Dispositionsmethoden eingesetzt (siehe Trainingsmodul Beschaffungsprozesse (GP 2), Kapitel 2).

Terminierung: Für die verschiedenen Arbeitsvorgänge des Fertigungsauftrags werden Anfangs- und Endtermine ermittelt. Somit wird ersichtlich, wann die einzelnen Arbeitsschritte beginnen müssen, um den Fertigstellungstermin einhalten zu können.

Maschinenbelegung: Die Arbeitsvorgänge werden terminlich einer bestimmten Maschine zugeordnet. Dabei sind Engpasskapazitäten zu berücksichtigen.

2.2 Auftragsumwandlung

Bei der Umwandlung von Kundenaufträgen zu Fertigungsaufträgen sind folgende Faktoren zu berücksichtigen:

- Gibt es gleichartige Teile, die für mehrere Kundenaufträge benötigt werden?
- Welche Lieferzeiten haben die verschiedenen Kundenaufträge?
- Wie hoch ist die unter Kostengesichtspunkten optimale Losgröße?

Unter einem Fertigungslos versteht man die Anzahl an einheitlichen Erzeugnissen, die ohne Unterbrechung auf einer Produktionsanlage hergestellt werden können.

2.3 Einflussfaktoren der Losgrößenermittlung

Analog zur optimalen Bestellmenge (siehe Trainingsmodul Beschaffungsprozesse (GP 2), Kapitel 2.4) werden folgende Faktoren für die Ermittlung der optimalen Losgröße herangezogen:

Einflussfaktor	Erläuterung	Zusammenhang
Lagerkosten	insbesondere für die Zwischenlagerung von selbst erstellten Teilen	Je höher die Losgröße, umso höher ist der durchschnittliche Lagerbestand und umso höher sind die Lagerkosten.
auflagefixe Kosten	Kosten, die je Fertigungslos einmal anfallen; sie sind unabhängig von der Stückzahl (Auflage), die in einem Los gefertigt wird. Dazu zählen v. a. die Rüstkosten.	Je höher die Losgröße, umso weniger oft muss die Produktionsanlage umgerüstet werden und umso niedriger ist die Summe der auflagefixen Kosten.

2.4 Ermittlung der optimalen Losgröße

Prämissen:

Um die Berechnung der optimalen Losgröße zu vereinfachen, wird von folgenden Prämissen ausgegangen:

- Es liegt ein kontinuierlicher Verbrauch vor. Der durchschnittliche Lagerbestand kann demnach mit der halben Losgröße (zuzüglich eines evtl. vorhandenen Mindestbestandes) veranschlagt werden.
- Die Herstellkosten sind unabhängig von der Losgröße stets gleich hoch.
- Für die Entscheidung werden nur die auflagefixen Kosten und Lagerkosten herangezogen.

Die optimale Losgröße ist die Losgröße, bei der die Summe aus Lagerkosten und auflagefixen Kosten am geringsten ist.

Tabellarische Ermittlung der optimalen Losgröße

Die Tabellenkalkulation enthält folgende Größen:

Losgröße	Losanzahl	Auflagefixe Kosten	Durchschnittlicher Lagerbestand (Menge)	Durchschnittlicher Lagerbestand (Wert)	Lagerkosten	Gesamtkosten

Ermittlung der optimalen Losgröße mithilfe der Andler-Formel

$$\text{Optimale Losgröße} = \sqrt{\frac{(200 \cdot \text{Jahresbedarf} \cdot \text{auflagefixe Kosten})}{(\text{Herstellkosten} \cdot \text{Lagerkostensatz})}}$$

Grafische Ermittlung der optimalen Losgröße

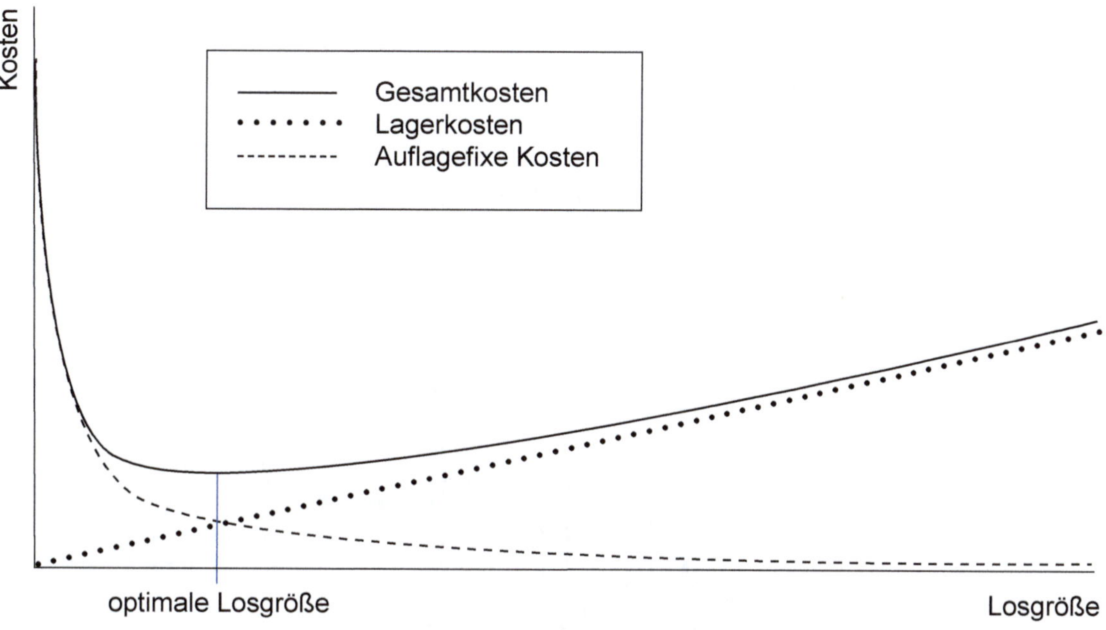

Die optimale Losgröße ist der Punkt, an dem die Gesamtkostenkurve ihr Minimum erreicht.

Was erwartet mich in der Prüfung?

1. Das Lernlabyrinth

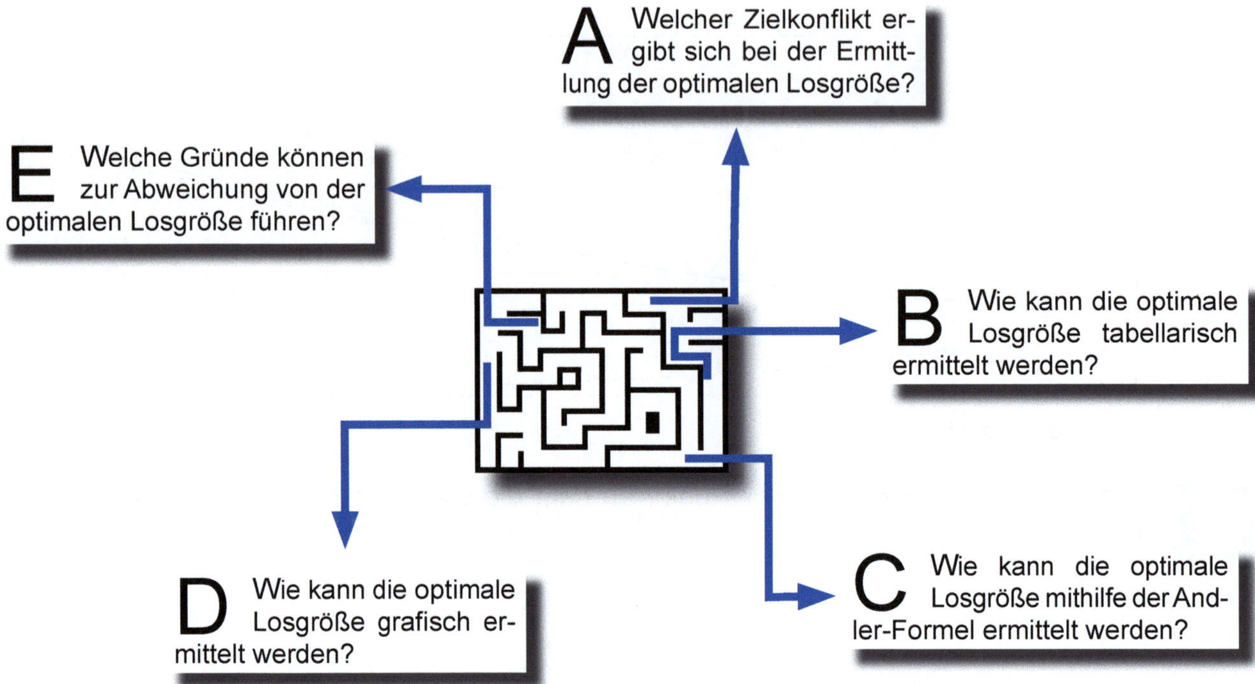

2. Wege aus dem Labyrinth

A Welcher Zielkonflikt ergibt sich bei der Ermittlung der optimalen Losgröße?

Es besteht ein Zielkonflikt zwischen Lagerkosten und auflagefixen Kosten:

	Auflagefixe Kosten	Lagerkosten
Bei hohen Losgrößen	Gering, da selten umgerüstet werden muss	Hoch, da „auf Lager" produziert wird
Bei niedrigen Losgrößen	Hoch, da oft umgerüstet werden muss	Gering, da der Lagerbestand niedrig ist

B Wie kann die optimale Losgröße tabellarisch ermittelt werden?

Die Vorgehensweise bei der Ermittlung der optimalen Losgröße ist vom Prinzip her identisch zur Ermittlung der optimalen Bestellmenge, die bereits im Trainingsmodul Beschaffungsprozesse (GP 2) ausführlich dargestellt wurde. Demnach können die Zusammenhänge der Bestellmengenproblematik hier größtenteils übernommen werden.

Es sind lediglich einige Begriffe auszutauschen:

- Anstelle des Einstandspreises treten die Herstellkosten.
- Anstelle der bestellfixen Kosten treten die auflagefixen Kosten.

Die Tabelle ist demnach wie folgt aufgebaut:

Losgröße	Losanzahl	auflagefixe Kosten	Durchschnittl. Lagerbestand (Menge)	Durchschnittl. Lagerbestand (Wert)	Lager-kosten	Gesamt-kosten
	= Jahres-bedarf/ Losgröße	= Losanzahl · auflagefixe Kosten pro Los	= Losgröße : 2	= Durchschnittlicher Lagerbestand (Menge) · Herstellkosten	= Durchschnittlicher Lagerbestand (Wert) · Lagerkostensatz	= auflagefixe Kosten + Lagerkosten

Fallbeispiel: Rahmenfertigung in einer Fahrradfabrik
Der Jahresbedarf für den selbst zu erstellenden Fahrradrahmen des Typs „Terra X“ (vgl. Kapitel 3.1 Fertigungsplanung) beträgt 120.000 Stück. Bei diesem Standardrahmen wird ein konstanter Verbrauch unterstellt. Ein Sicherheitsbestand ist nicht vorgesehen. Es stehen ferner folgende Informationen zur Verfügung:

Herstellkosten pro Stück: 40 €
Auflagefixe Kosten je Los: 200 €
Lagerkostensatz: 15 %
Die Losgrößen lauten auf volle 1.000 Stück.

Tabellarische Ermittlung der optimalen Losgröße:

Losgröße (Stück)	Losanzahl (Stück)	auflagefixe Kosten pro Jahr	Durchschnittl. Lagerbestand in Stück	Durchschnittl. Lagerbestand in €	Lagerkosten pro Jahr	Gesamtkosten proJahr
1.000	120	24.000 €	500	20.000 €	3.000 €	27.000 €
2.000	60	12.000 €	1.000	40.000 €	6.000 €	18.000 €
3.000	**40**	**8.000 €**	**1.500**	**60.000 €**	**9.000 €**	**17.000 €**
4.000	30	6.000 €	2.000	80.000 €	12.000 €	18.000 €
5.000	24	4.800 €	2.500	100.000 €	15.000 €	19.800 €
6.000	20	4.000 €	3.000	120.000 €	18.000 €	22.000 €

Die optimale Losgröße liegt bei 3.000 Stück, das entspricht einer Losanzahl von 40 Losen pro Jahr.

Ein Mindestbestand ist evtl. einzuplanen!

Beispiel: Mindestbestand 100 Stück
Bei einer Losgröße von 3.000 Stück ergibt sich ein durchschnittlicher Lagerbestand von 1.500 Stück + 100 Stück = 1.600 Stück

In diesem Fall ändert sich die Berechnung des durchschnittlichen Lagerbestandes. Der durchschnittliche Lagerbestand (Losgröße : 2) erhöht sich jeweils um den Mindestbestand.

C Wie kann die optimale Losgröße mithilfe der Andler-Formel ermittelt werden?

Fallbeispiel (siehe B)

$$\text{Optimale Losgröße} = \sqrt{\frac{(200 \cdot 120.000 \text{ Stück} \cdot 200 \text{ €})}{(40 \text{ €/Stück} \cdot 15)}}$$

= **2.828,43 Stück (gerundet 2.828 Stück)**

Warum stimmen die tabellarische Lösung (3.000 Stück) und die Lösung nach der Andler-Formel (2.828 Stück) nicht überein? Die Ursache liegt darin, dass die Tabellenkalkulation nur bestimmte Losgrößen, die Andler-Formel hingegen jede Losgröße zulässt.

D Wie kann die optimale Losgröße grafisch ermittelt werden?

Auf Basis der Daten aus dem Fallbeispiel lässt sich folgendes Diagramm erstellen:

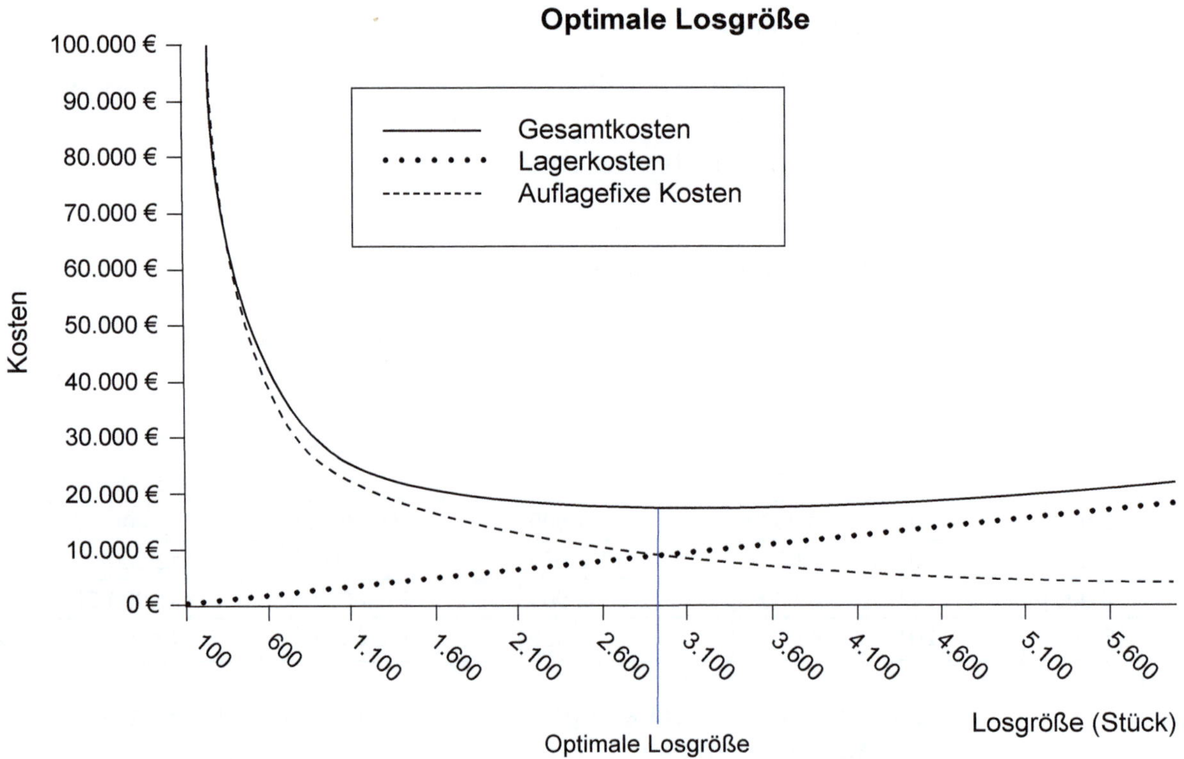

Der Schnittpunkt ist nicht immer die optimale Losgröße!

Solange kein Mindestbestand vorliegt, kann man den Schnittpunkt zwischen Lagerkosten und auflagefixen Kosten zur Identifikation der optimalen Losgröße heranziehen. Ist jedoch ein Mindestbestand vorhanden, verschiebt sich die Lagerkostenkurve, sodass der Schnittpunkt zwischen Lagerkosten und auflagefixen Kosten nicht mehr mit dem Gesamtkostenminimum übereinstimmt.

E **Welche Gründe können zur Abweichung von der optimalen Losgröße führen?**

Von der optimalen Losgröße wird insbesondere dann abgewichen, wenn...

- die Versorgungssicherheit mit Teilen im Vordergrund steht
- der Auftragseingang sehr ungleichmäßig erfolgt
- die Kundenaufträge sich so stark unterscheiden, dass eine Zusammenfassung zu einheitlichen Fertigungsaufträgen nicht möglich ist
- Kapazitätsengpässe die Realisierung der optimalen Losgröße unmöglich machen
- terminlich dringende Aufträge im Zweifelsfall ohne Rücksicht auf die Wirtschaftlichkeit der Losgröße abgearbeitet werden müssen.

Die optimale Losgröße wird deshalb in der Praxis selten exakt realisiert, sie dient vielmehr als Orientierungshilfe bei der Losgrößenentscheidung.

So trainiere ich für die Prüfung

Aufgaben

1. Wissensfragen

1.1 Lernfragen

1. Worin besteht die Aufgabe der Auftragsumwandlung?

2. Was ist unter einem Fertigungslos zu verstehen?

3. Erklären Sie den Zielkonflikt, der sich bei der Bestimmung der Losgröße ergibt.

4. Erläutern Sie das Verhalten der auflagefixen Kosten in Abhängigkeit zur Losgröße.

5. Erläutern Sie das Verhalten der Lagerkosten in Abhängigkeit zur Losgröße.

1.2 Mehrfachauswahl

1. Welche Auswirkung hat die Senkung der Losgröße?

   a) Die Rüstkosten sinken.
   b) Die Lagerkosten steigen.
   c) Die auflagefixen Kosten und Lagerkosten sinken.
   d) Die Herstellkosten sinken.
   e) Die Summe der auflagefixen Kosten steigt.

2. Welche Größe spielt bei der Ermittlung der optimalen Losgröße keine Rolle?

   a) Herstellkosten
   b) Bestellkosten
   c) Rüstkosten
   d) Lagerkostensatz
   e) Jahresbedarf

3. Wodurch kann eine Erhöhung der optimalen Losgröße verursacht werden?

   a) Der Jahresbedarf an herzustellenden Teilen steigt.
   b) Der Mindestbestand erhöht sich.
   c) Der Mindestbestand sinkt.
   d) Der Lagerkostensatz sinkt.
   e) Der Lagerkostensatz steigt.
   f) Die Herstellkosten pro Stück steigen.

4. Welche Formel berechnet die Lagerkosten unter der Annahme eines kontinuierlichen Teilebedarfs, wenn kein Mindestbestand gegeben ist?

a) Herstellkosten · Losgröße · Lagerkostensatz
b) Durchschnittlicher Lagerbestand (Menge) · Lagerkostensatz
c) Durchschnittlicher Lagerbestand (Menge) · Herstellkosten
d) 0,5 · Losgröße · Herstellkosten · Lagerkostensatz
e) (Losgröße : 2) · Lagerkostensatz

5. Ordnen Sie zu, welche Auswirkung folgende Fälle auf die Ermittlung der optimalen Losgröße haben.

a) Durch einen Verbesserungsvorschlag kann die Rüstzeit verringert werden.
b) Der Einstandspreis für Rohstoffe, die für die Herstellung benötigt werden, sinkt.
c) Eine neue Fertigungsanlage verursacht höhere Rüstkosten.
d) Wegen einer Erhöhung der Lagermiete wird der Lagerkostensatz angehoben.
e) Der Mindestbestand an Teilen kann durch die Einführung eines neuen Fertigungssystems gesenkt werden.
f) Die Vertriebskosten für die Endprodukte steigen.

Auswirkung	**Fall/Fälle**
Optimale Losgröße steigt	
Optimale Losgröße sinkt	
Keine Änderung der optimalen Losgröße	

2. Fallsituation

In der Erlanger Metalltechnik GmbH werden Gehäusebleche aus Aluminium für die Serienfertigung gestanzt. Für das Gehäusemodell ET200 wird ein Jahresbedarf von 24.000 Stück prognostiziert. Ihre Aufgabe besteht darin, die optimale Losgröße für dieses Gehäuse zu ermitteln. Hierzu stehen Ihnen ferner noch folgende Daten zur Verfügung:

- Herstellkosten pro Stück: 21 €
- auflagefixe Kosten je Rüstvorgang: 280 €
- Lagerkostensatz: 10 %
- durchschnittlicher Lagerbestand = Losgröße : 2

a) Zur Ermittlung der optimalen Losgröße wird zunächst eine Tabellenkalkulation durchgeführt. Berechnen und ergänzen Sie die fehlenden Zahlen in der Tabelle und nennen Sie die optimale Losgröße.

Losgröße (Stück)	Losanzahl	auflagefixe Kosten pro Jahr	Durchschnittl. Lagerbestand in Stück	Durchschnittl. Lagerbestand	Lagerkosten pro Jahr	Gesamt-kosten pro Jahr
2.000	12,00	3.360,00 €	1.000		2.100,00 €	5.460,00 €
2.100	11,43	3.200,00 €	1.050	22.050,00 €	2.205,00 €	5.405,00 €
2.200	10,91	3.054,55 €		23.100,00 €	2.310,00 €	5.364,55 €
2.300	10,43	2.921,74 €	1.150	24.150,00 €	2.415,00 €	5.336,74 €
2.400	10,00		1.200	25.200,00 €	2.520,00 €	
2.500	9,60	2.688,00 €	1.250	26.250,00 €	2.625,00 €	
2.600	9,23	2.584,62 €	1.300	27.300,00 €	2.730,00 €	
2.700	8,89	2.488,89 €	1.350	28.350,00 €	2.835,00 €	5.323,89 €
2.800	8,57	2.400,00 €	1.400	29.400,00 €	2.940,00 €	5.340,00 €
2.900	8,28	2.317,24 €	1.450	30.450,00 €	3.045,00 €	5.362,24 €
3.000		2.240,00 €	1.500	31.500,00 €		5.390,00 €

b) Ermitteln Sie die optimale Losgröße mithilfe der Andler-Formel.

c) Die optimale Losgröße soll nun grafisch ermittelt werden. Beschriften Sie die beiden Kurven; zeichnen Sie die Lagerkosten ein und kennzeichnen Sie die optimale Losgröße:

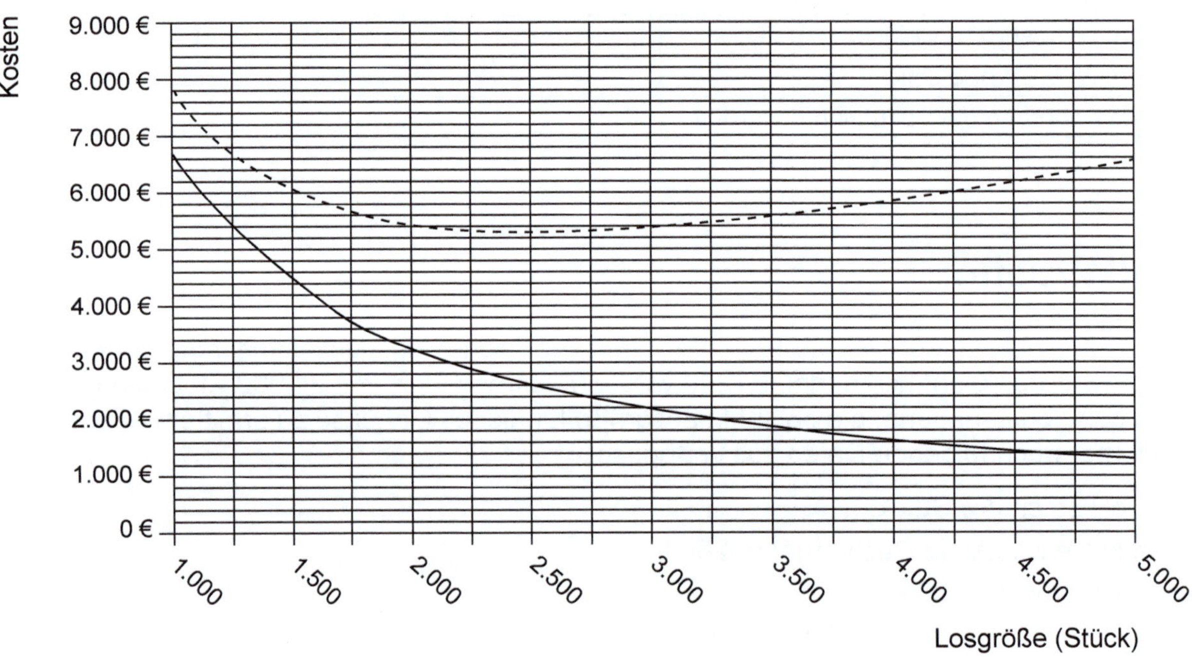

d) Wie würde sich die Einführung einer eisernen Reserve in Höhe von 200 Stück auf die optimale Losgröße auswirken?

e) Führen Sie drei Gründe dafür an, dass die ermittelte optimale Losgröße in der Praxis i. d. R. nicht exakt realisiert wird.

Lösungen

1. Wissensfragen

1.1 Lernfragen

1. Bei der Auftragsumwandlung werden Kundenaufträge zu Fertigungsaufträgen umgewandelt.

2. Ein Fertigungslos besteht aus einer Anzahl an einheitlichen Erzeugnissen, die ohne Unterbrechung auf einer Produktionsanlage hergestellt werden können.

3. Zielkonflikt: Die Lagerkosten steigen, die auflagefixen Kosten sinken mit zunehmender Losgröße. Eine Senkung der Lagerkosten ist somit mit einem Anstieg der auflagefixen Kosten verbunden und umgekehrt.

4. Je höher die Losgröße, umso weniger Fertigungslose werden benötigt und umso seltener müssen die Maschinen umgerüstet werden. Deshalb sinken mit zunehmender Losgröße die auflagefixen Kosten.

5. Je höher die Losgröße, umso höher sind die Bestände an produzierten Erzeugnissen, die zwischengelagert werden müssen, und umso höher sind auch die damit verbundenen Lagerkosten.

1.2 Mehrfachauswahl

1. e

Eine Senkung der Losgröße bedeutet mehrere Fertigungslose und damit auch mehrere Rüstvorgänge als vorher. Die Lagerkosten sinken, da auch der durchschnittliche Lagerbestand abnimmt.

2. b

Die Bestellkosten werden nicht für die Ermittlung der optimalen Losgröße, sondern für die Ermittlung der optimalen Bestellmenge benötigt.

3. a, d

a) Durch die Erhöhung des Jahresbedarfs werden bei gleicher Losgröße mehr Lose benötigt, sodass die auflagefixen Kosten in Summe steigen (vgl. Andler-Formel).

d) Ein sinkender Lagerkostensatz führt dazu, dass die Steigung der Lagerkostengerade abnimmt und sich das Gesamtkostenminimum nach rechts verschiebt.

b), c) Der Mindestbestand führt zwar zu höheren Lagerkosten, die Lagerkosten erhöhen sich jedoch für jede Losgröße um den gleichen Betrag. Das Gesamtkostenminimum bleibt deshalb bei der gleichen Losgröße.

e), f) optimale Losgröße sinkt

4. d

5.

Auswirkung	Fall/Fälle
Optimale Losgröße steigt	**b, c**
Optimale Losgröße sinkt	**a, d**
Keine Änderung der optimalen Losgröße	**e, f**

Erläuterungen (vgl. auch mit Andler-Fromel):

a) Verringerte Rüstzeit senkt auflagefixe Kosten.

b) Niedrigerer Einstandspreis lässt Herstellkosten sinken (Fertigungsmaterial).

c) Höhere Rüstkosten führen zu höheren auflagefixen Kosten.

d) Höherer Lagerkostensatz erhöht die Lagerkosten.

e) Mindestbestand ist ohne Einfluss auf gesamtkostenminimale Losgröße.

f) Vertriebskosten gehören nicht zu den Herstellkosten.

2. Fallsituation

B

a)

Losgröße (Stück)	Losanzahl	auflagefixe Kosten pro Jahr	Durchschnittl. Lagerbestand in Stück	Durchschnittl. Lagerbestand	Lagerkosten pro Jahr	Gesamtkosten pro Jahr
2.000	12,00	3.360,00 €	1.000	**21.000,00 €**	2.100,00 €	5.460,00 €
2.100	11,43	3.200,00 €	1.050	22.050,00 €	2.205,00 €	5.405,00 €
2.200	10,91	3.054,55 €	**1.100**	23.100,00 €	2.310,00 €	5.364,55 €
2.300	10,43	2.921,74 €	1.150	24.150,00 €	2.415,00 €	5.336,74 €
2.400	10,00	**2.800,00 €**	1.200	25.200,00 €	2.520,00 €	**5.320,00 €**
2.500	9,60	2.688,00 €	1.250	26.250,00 €	2.625,00 €	**5.313,00 €**
2.600	9,23	2.584,62 €	1.300	27.300,00 €	2.730,00 €	**5.314,62 €**
2.700	8,89	2.488,89 €	1.350	28.350,00 €	2.835,00 €	5.323,89 €
2.800	8,57	2.400,00 €	1.400	29.400,00 €	2.940,00 €	5.340,00 €
2.900	8,28	2.317,24 €	1.450	30.450,00 €	3.045,00 €	5.362,24 €
3.000	**8,00**	2.240,00 €	1.500	31.500,00 €	**3.150,00 €**	5.390,00 €

Die optimale Losgröße liegt bei 2.500 Stück.

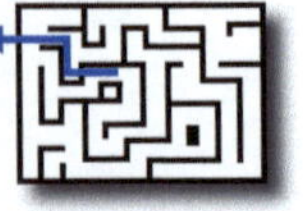

C

b)

$$\text{Optimale Losgröße} = \sqrt{\frac{(200 \cdot 24.000 \text{ Stück} \cdot 280\text{ €})}{(21\text{ €/Stück} \cdot 10)}}$$

= **2.529,82 Stück (gerundet 2.530 Stück)**

D

c)

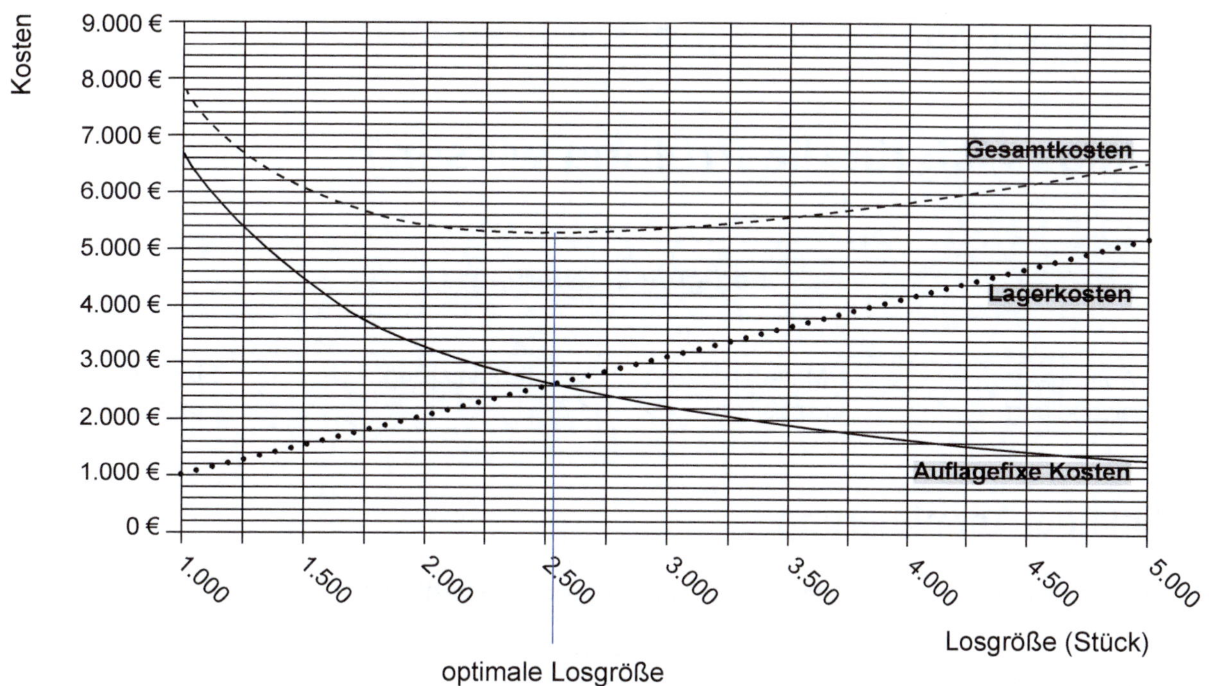

d)

Durch die eiserne Reserve (Mindestbestand) würde sich die Lagerkostengerade parallel nach oben verschieben. Im gleichen Maße würde sich dadurch auch die Gesamtkostenkurve nach oben verschieben. Die optimale Losgröße würde sich dadurch nicht ändern.

D

e)

Kapazitätsengpässe machen eine Realisierung der optimalen Losgröße unmöglich.

E

Bei terminlich dringenden Kundenaufträgen kann keine Rücksicht auf die optimale Losgröße genommen werden.

Um eine möglichst hohe Versorgungssicherheit gewährleisten zu können, wird die optimale Losgröße überschritten.

3. Terminierung von Fertigungsaufträgen

Was muss ich für die Prüfung wissen?

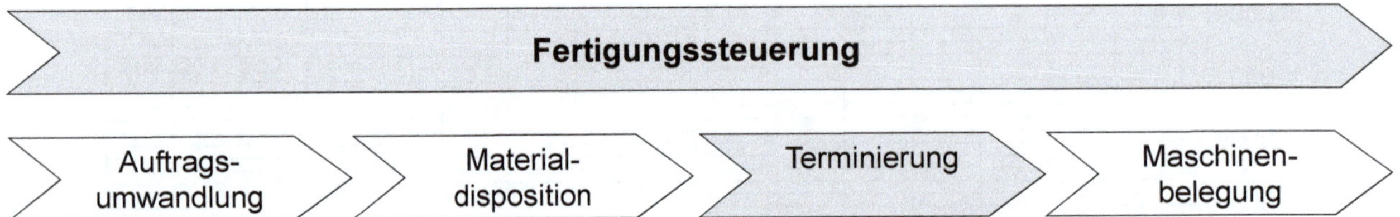

3.1 Ziele der Terminierung

Die Aufgabe der Terminierung von Fertigungsaufträgen besteht darin,

- den frühestmöglichen Fertigstellungstermin zu ermitteln
- den spätestmöglichen Anfangstermin zu ermitteln
- die kritischen Vorgänge zu erkennen, bei denen es eine Terminverzögerung zu vermeiden gilt.

3.2 Darstellungsformen

a) Vorgangsliste

Eine Vorgangsliste listet die verschiedenen Arbeitsschritte (Vorgänge) in tabellarischer Form auf. Sie enthält für jeden Vorgang:

- Vorgangs-Nr.
- Bezeichnung des Vorgangs
- Dauer

und evtl. noch

- Anfangszeitpunkt
- Endzeitpunkt
- vorhergehender Vorgang
- nachfolgender Vorgang.

b) Balkendiagramm

Ein Balkendiagramm veranschaulicht den Arbeitsablauf grafisch in Form von Balken, die in der Reihenfolge des Arbeitsablaufs von links nach rechts angeordnet werden. Die Länge der Balken hängt von der Dauer der einzelnen Vorgänge ab.

c) Netzplan

Ein Netzplan ist eine grafische Darstellung von Abläufen, deren Vorgänge voneinander abhängen. Ein Netzplan enthält prinzipiell die gleichen Daten wie die Vorgangsliste bzw. das Balkendiagramm sowie Zusatzinformationen (z. B. über vorhandene Zeitpuffer).

Jeder Vorgang wird durch einen sog. „Vorgangsknoten“ symbolisiert, der die Daten des jeweiligen Arbeitsschrittes enthält. Durch die Verbindung der verschiedenen Vorgangsknoten entsteht der sog. „Netzplan“.

Struktur eines Vorgangsknotens:

FAZ FEZ

Nr.	Bezeichnung	
Dauer	GP	FP

SAZ SEZ

FAZ = Frühester Anfangszeitpunkt
FEZ = Frühester Endzeitpunkt
Nr. = Nummer des Vorgangs
Bezeichnung = Bezeichnung des Vorgangs
Dauer = Dauer des Vorgangs (z. B. in Tagen)
GP = Gesamtpuffer (z. B. in Tagen)
FP = Freier Puffer (z. B. in Tagen)
SAZ = Spätester Anfangszeitpunkt
SEZ = Spätester Endzeitpunkt

3.3 Methoden der Terminierung

a) Vorwärtsterminierung:

Progressive Terminierung: Ausgehend von einem vorgegebenen Starttermin werden die **frühestmöglichen Anfangs- und Endzeitpunkte** der einzelnen Vorgänge bestimmt.

Bei der Vorwärtsterminierung wird ermittelt, wann der Auftrag bzw. das Projekt **frühestens** fertiggestellt werden kann.

b) Rückwärtsterminierung:

Retrograde Terminierung: Ausgehend von einem vorgegebenen Fertigstellungstermin werden die **spätestmöglichen Anfangs- und Endzeitpunkte** der einzelnen Vorgänge bestimmt.

Bei der Rückwärtsterminierung wird ermittelt, wann mit den einzelnen Vorgängen **spätestens** begonnen werden muss, um den Fertigstellungstermin des Auftrages bzw. Projektes einhalten zu können.

Terminierungsmethoden	Vorwärtsterminierung	Rückwärtsterminierung
Terminierungsrichtung:	progressiv	retrograd
Ausgangspunkt:	Vorgegebener Auftrags- bzw. Projektbeginn	Vorgegebenes Projekt- bzw. Auftragsende (z. B. Liefertermin)
Ergebnis:	Frühestmögliche Anfangs- und Endzeitpunkte der einzelnen Vorgänge	Spätestmögliche Anfangs- und Endzeitpunkte der einzelnen Vorgänge
Vorteile:	Höhere Versorgungssicherheit, da Zeitpuffer entstehen	Vermeidung unnötiger Lager- und Zwischenlagerbestände, keine unnötig frühe Bindung von Kapazitäten
Nachteile:	Unnötige Kapitalbindung durch Aufbau von Lager-/Zwischenlagerbeständen und unnötig frühe Bindung von Kapazitäten	Höhere Gefahr von Terminverzögerungen, da kein Zeitpuffer vorhanden ist

3.4 Der kritische Pfad

Der „kritische Pfad“ enthält die Vorgänge, deren Verzögerung zu einer Verzögerung des Endtermins des ganzen Auftrags bzw. Projektes führen würde.

Den Vorgängen, die auf dem kritischen Pfad liegen, muss daher im Hinblick auf die Termineinhaltung besondere Aufmerksamkeit geschenkt werden.

3.5 Einsatzgebiete

Die eben dargestellten Terminierungsmethoden kommen vor allem

- bei komplexen Fertigungsaufträgen, die aus vielen Arbeitsschritten bestehen,
- bei Projekten (z. B. Bau von Großanlagen) und
- bei der Softwareentwicklung zur Anwendung.

3.6 Maschinenbelegungsplan

Der Maschinenbelegungsplan zeigt, wie die Betriebsmittel mit einzelnen Fertigungsaufträgen belegt sind. Im Vergleich zur bisherigen Ermittlung der Durchlaufzeiten für einen Fertigungsauftrag im Rahmen der Grobterminierung kann durch den Maschinenbelegungsplan auch berücksichtigt werden, ob Kapazitäten durch andere Fertigungsaufträge gebunden sind.

Was erwartet mich in der Prüfung?

Normalerweise müssen in Prüfungen keine kompletten Vorgangslisten, Balkendiagramme und Netzpläne erstellt werden. Meist besteht die Aufgabe darin, diese zu interpretieren, zu ergänzen bzw. enthaltene Fehler zu korrigieren. Um derartige Aufgaben lösen zu können, muss man jedoch verstehen, wie diese Konstrukte entstehen.

Ausgangssituation:
Bei der Frankenrad GmbH geht ein Kundenauftrag über die Lieferung von 1.000 Mountainbikes des Typs „Terra X" ein. Der Kundenauftrag wird in einen Fertigungsauftrag über 1.000 Fahrräder umgewandelt.

Ihre Aufgabe: Sie sollen eine Terminierung durchführen, um festzustellen, bis wann der Auftrag erfüllt werden kann.

In der Praxis werden spezielle Software-Programme (z. B. MS Project) für die Projektplanung eingesetzt. Diese ermöglichen es beispielsweise, die Daten einer Vorgangsliste in ein Balkendiagramm und einen Netzplan umzuwandeln.

1. Das Lernlabyrinth

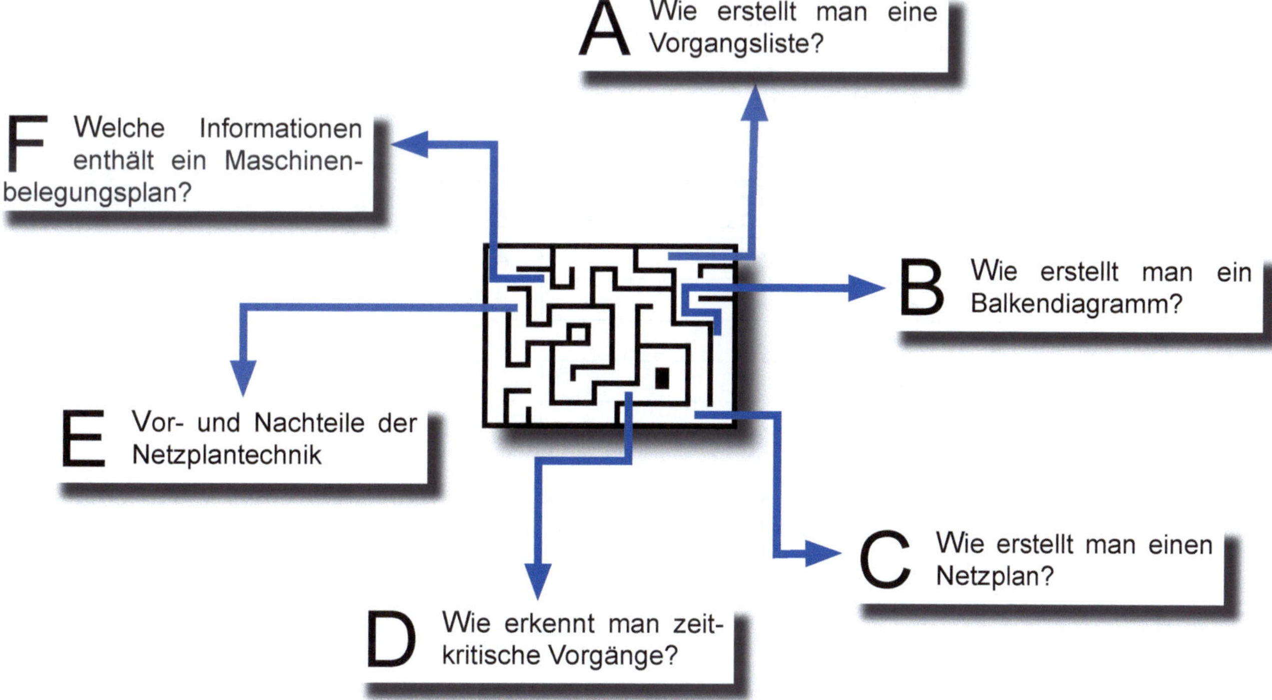

2. Wege aus dem Labyrinth

A Wie erstellt man eine Vorgangsliste?

1. Vorgangsdauer ermitteln

Im Rahmen der Fertigungsplanung wurde für die Rahmenfertigung eine Ausführungszeit von 3,6 min pro Stück sowie eine Rüstzeit von 60 min (vgl. Kapitel 3.1) ermittelt. Annahme: Alle weiteren unproduktiven Nebenzeiten konnten mittlerweile so stark reduziert werden, dass sie im Hinblick auf die Auftragsterminierung vernachlässigbar sind.

Für unseren Fertigungsauftrag über 1.000 Stück ergibt sich somit eine Gesamtdurchlaufzeit von 1.000 Stk. · 3,6 min/Stk. + 60 min = 3.660 min = 61 Stunden.

Geht man von einem Zweischichtbetrieb mit 16 Stunden Arbeitszeit pro Tag aus, muss man für die Fertigung der Rahmen 61 Std. : 16 Std./Tag = 3,81 Tage (aufgerundet 4 Tage) einkalkulieren.

Analog geht man für die anderen Arbeitsschritte (z. B. Gabel fertigen) vor.

2. Vorgänger und Nachfolger eintragen

Um erkennen zu können, wie die verschiedenen Vorgänge vom Ablauf her zusammenhängen, wird für jeden Vorgang der unmittelbare Vorgänger und Nachfolger eingetragen.

Auf diese Weise entsteht folgende Vorgangsliste:

Nr.	Vorgang	Dauer	Vorgänger	Nachfolger
1	Arbeitsvorbereitung	1 Tag		2,3
2	Aluminiumrohre beschaffen	2 Tage	1	4,5
3	Fremdkomponenten beschaffen	8 Tage	1	6
4	Rahmen fertigen	4 Tage	2	6
5	Gabel fertigen	2 Tage	2	6
6	Montage	6 Tage	3, 4, 5	7
7	Qualitätskontrolle	2 Tage	6	8
8	Versand	3 Tage	7	

Anmerkungen: Die Aluminiumrohre werden standardmäßig über einen Großhändler bezogen, der relativ schnell liefern kann. Bei der Beschaffung der verschiedenen Fremdkomponenten ist eine längere Dauer einzuplanen als bei den Rahmen, da einzelne Lieferanten längere Lieferzeiten haben. Zudem werden einige kundenauftragsspezifische Komponenten benötigt.

Die Vorgangsliste ist die Basis für die Erstellung von Balkendiagrammen und Netzplänen.

B Wie erstellt man ein Balkendiagramm?

Für jeden Vorgang wird ein Balken erstellt, dessen Länge die Dauer des jeweiligen Vorgangs angibt. Aufeinander folgende Vorgänge werden mit Pfeilen verbunden, um die Zusammenhänge zwischen den Vorgängen erkennen zu können.

Nr.	Vorgang	Zeit in Tagen																			
		1	2	3	4	5	6	7	8	9	10	11	12	13	14	15	16	17	18	19	20
1	Arbeitsvorbereitung																				
2	Aluminiumrohre beschaffen																				
3	Fremdkomponenten beschaffen																				
4	Rahmen fertigen																				
5	Gabel fertigen																				
6	Montage																				
7	Qualitätskontrolle																				
8	Versand																				

Im Prinzip ähnelt die Darstellung der Zeitplanung, die bereits bei der Fertigungsplanung durchgeführt wurde. Der Unterschied besteht jedoch darin, dass die Terminierung jetzt für einen konkreten Fertigungsauftrag erfolgt und Kalendertermine ermittelt werden können.

Diese Form der Darstellung eignet sich gut, wenn der Gesamtablauf eines Auftrags bzw. Projekts möglichst übersichtlich visualisiert werden soll.

C Wie erstellt man einen Netzplan?

Der Netzplan kann im Gegensatz zum Balkendiagramm umfassendere Informationen über die einzelnen Vorgänge bereitstellen (z. B. Pufferzeiten). Es besteht hier auch die Möglichkeit, nicht nur reine Termininformationen, sondern zudem noch die benötigten Ressourcen, Kosten etc. darzustellen. Der Anwender kann selbst entscheiden, welche Informationsfelder der Vorgangsknoten enthalten soll. Ferner eignet sich die Netzplantechnik gut für eine rechnerische Ermittlung von Anfangs- und Endterminen sowie Zeitpuffern.

1. Leeren Netzplan erstellen

Erstellen Sie auf Basis der Vorgangsliste das „Grundgerüst" für den Netzplan. Die Reihenfolge der Arbeitsschritte ist in der Spalte „Vorgänger" erkennbar. Nr., Dauer und Bezeichnung können in jeden Vorgangsknoten eingetragen werden.

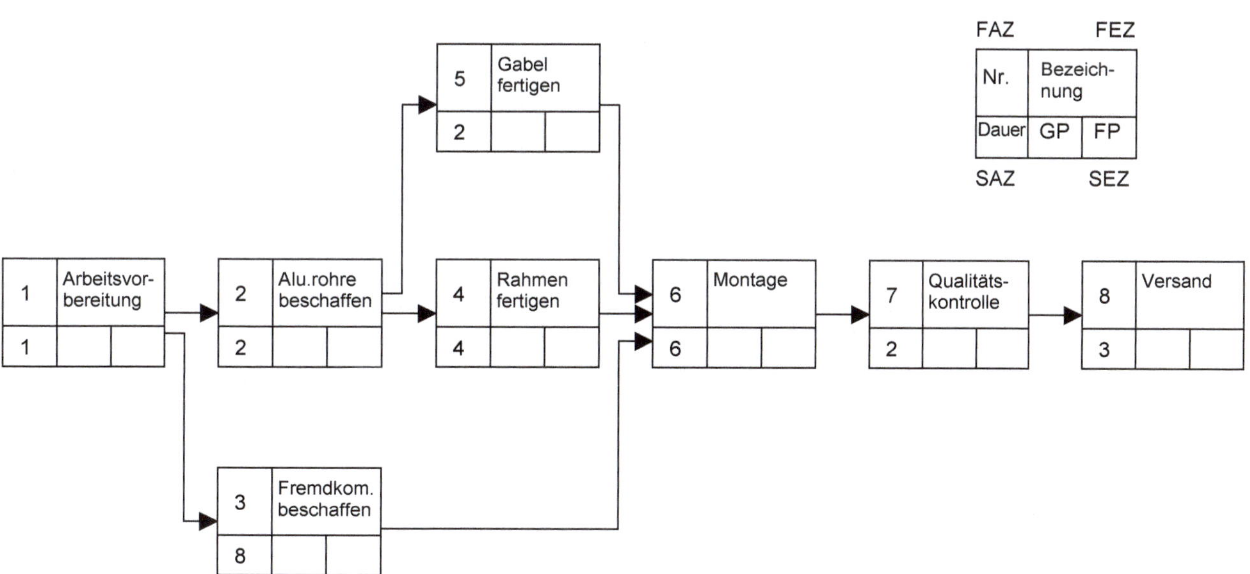

2. Vorwärtsrechnung (progressiv)

Ermitteln Sie nun beginnend mit dem ersten Vorgang von links nach rechts die frühesten Anfangs- und Endtermine für jeden einzelnen Vorgang.

FAZ + Dauer = FEZ

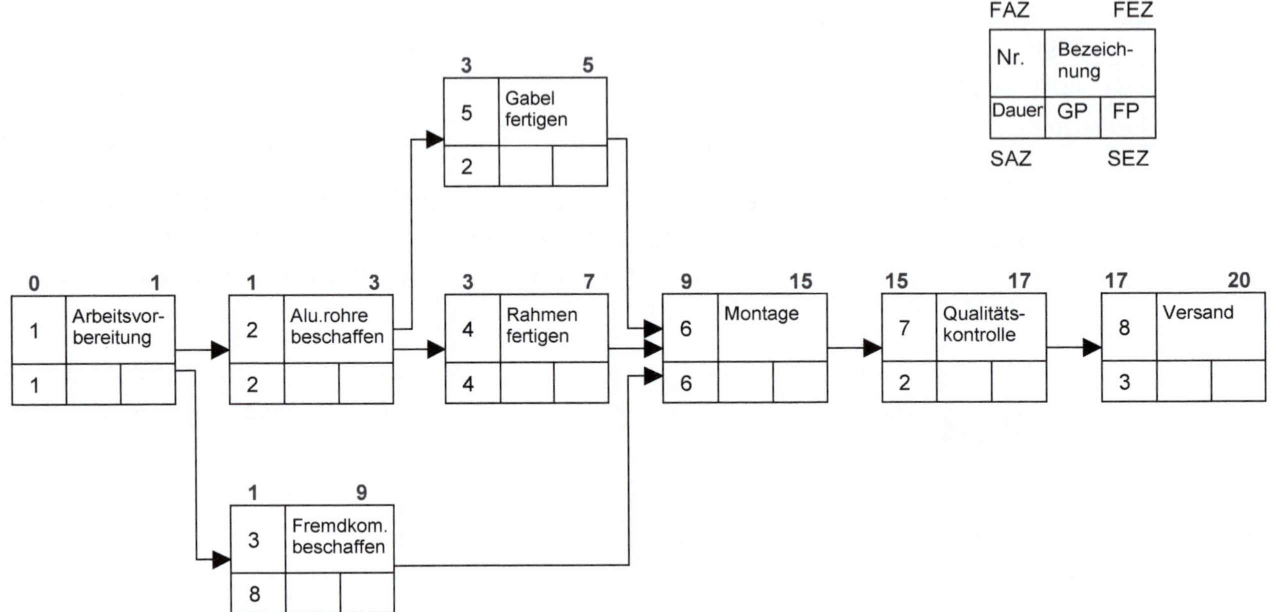

FEZ (Vorgänger) = FAZ (Nachfolger)

Der nächste Vorgang beginnt grundsätzlich mit dem Endtermin des Vorgängers. Diese Regel erleichtert die Terminberechnung.

Beispiel: Vorgang Nr. 5 „Gabel fertigen“
Die Beschaffung der Aluminiumrohre (Nr. 2) endet am Tag 3. Mit der Gabelfertigung kann eigentlich erst am Tag 4 begonnen werden. Dennoch wird als frühester Anfangszeitpunkt Tag 3 eingetragen. Gemeint ist, dass die Gabelfertigung erst nach Ablauf des 3. Tages beginnen kann. Um auf den Endzeitpunkt zu kommen, muss jetzt nur noch die Dauer zum Anfangstermin hinzuaddiert werden (3. Tag + 2 Tage = 5. Tag).

Aufpassen bei parallel verlaufenden Pfaden! Bei der Zusammenführung von Pfaden bestimmt der Ast, der als letzter fertig wird, den Anfangstermin des nächsten Vorgangs.

Beispiel: Vorgang Nr. 6 „Montage“
Die Montage der Fahrräder kann erst beginnen, wenn sowohl die Gabeln als auch die Rahmen gefertigt sind und die Fremdkomponenten beschafft wurden. Da die Beschaffung der Fremdkomponenten als letzter dieser Vorgänge abgeschlossen ist, bestimmt dieser Endtermin den Beginn der Montage.

Fazit:
Die Vorwärtsterminierung führt zu dem Ergebnis, dass der frühestmögliche Termin für die Auslieferung der 1.000 Mountainbikes in 20 Arbeitstagen ist.

3. Rückwärtsrechnung (retrograd)

Terminieren Sie jetzt rückwärts (von rechts nach links). Beginnen Sie dabei mit dem frühesten Endzeitpunkt des letzten Vorgangs und ziehen Sie bei jedem Vorgang die Dauer ab. Auf diese Weise erhalten Sie die spätesten Anfangs- und Endzeitpunkte der Vorgänge.

SAZ = SEZ - Dauer

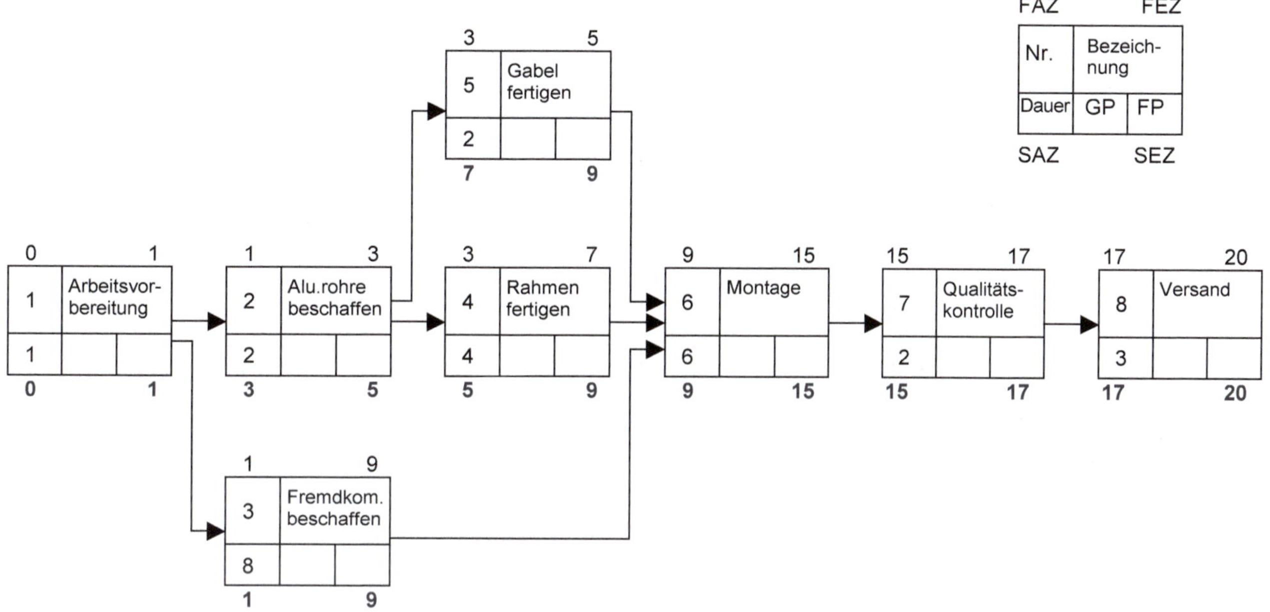

SEZ (Vorgänger) = SAZ (Nachfolger)

Grundsätzlich ist der späteste Endzeitpunkt des Vorgängers identisch mit dem spätesten Anfangszeitpunkt des Nachfolgers.

Aufpassen bei sich verzweigenden Pfaden! Ermittelt man für den Ausgangspunkt einer Verzweigung den SEZ, ist der niedrigste SAZ der unmittelbaren Nachfolger maßgebend.

Beispiel: Vorgang Nr. 2 „Aluminiumrohre beschaffen“
Die Beschaffung der Aluminiumrohre muss spätestens am Tag 5 abgeschlossen sein, damit die Rahmenfertigung rechtzeitig beginnen kann, auch wenn für die Gabelfertigung Tag 7 ausreichend wäre.

Fazit:
Die Rückwärtsterminierung gibt an, wann die einzelnen Arbeitsgänge spätestens beginnen müssen, um den Liefertermin (Tag 20) für den gesamten Auftrag einhalten zu können.

D Wie erkennt man zeitkritische Vorgänge?

Sie sollen nun herausfinden, bei welchen Vorgängen eine Terminüberschreitung auf keinen Fall eintreten darf, da sich sonst der Endtermin des gesamten Auftrags verzögert. Zu diesem Zweck werden für jeden Vorgang Zeitpuffer berechnet.

1. Gesamtpuffer berechnen

GP = SAZ - FAZ oder SEZ - FEZ

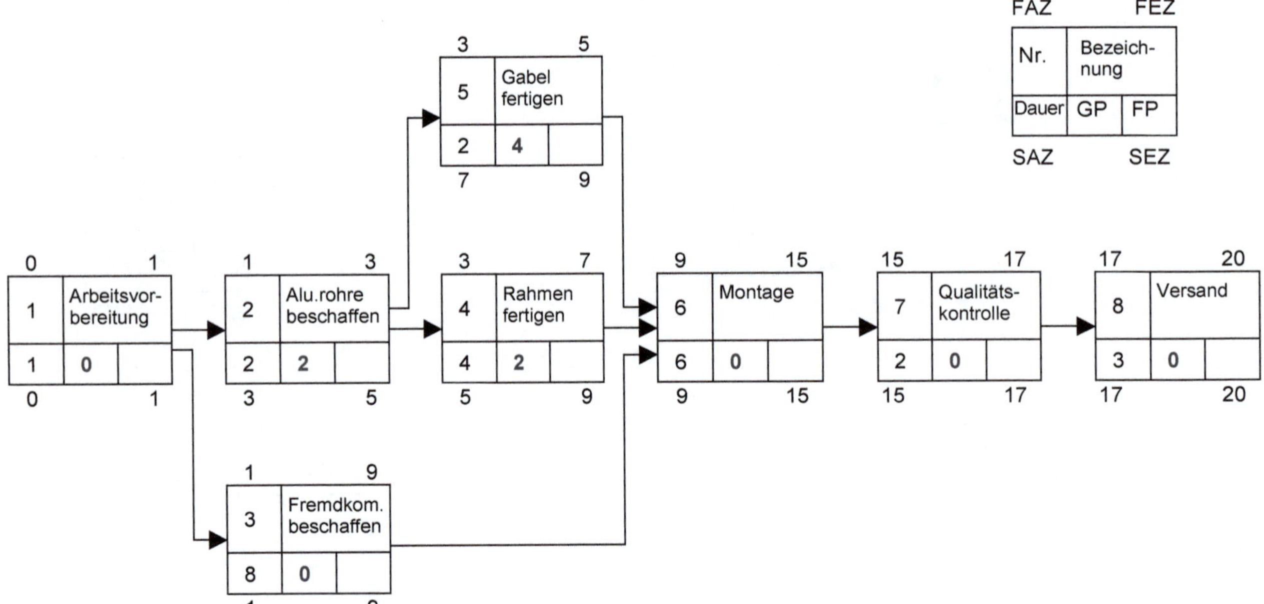

Der Gesamtpuffer gibt an, wie viele Tage sich ein Vorgang verzögern darf, ohne dass sich der Endzeitpunkt des gesamten Auftrages verschiebt.

Beispiel: Vorgang Nr. 5 „Gabel fertigen“
Die Gabelfertigung darf sich um 4 Tage (auf insgesamt 6 Tage) verzögern, ohne dass dies Auswirkungen auf den Liefertermin der 1.000 Mountainbikes hätte.

2. Freier Puffer berechnen

FP = FAZ (Nachfolger) - FEZ

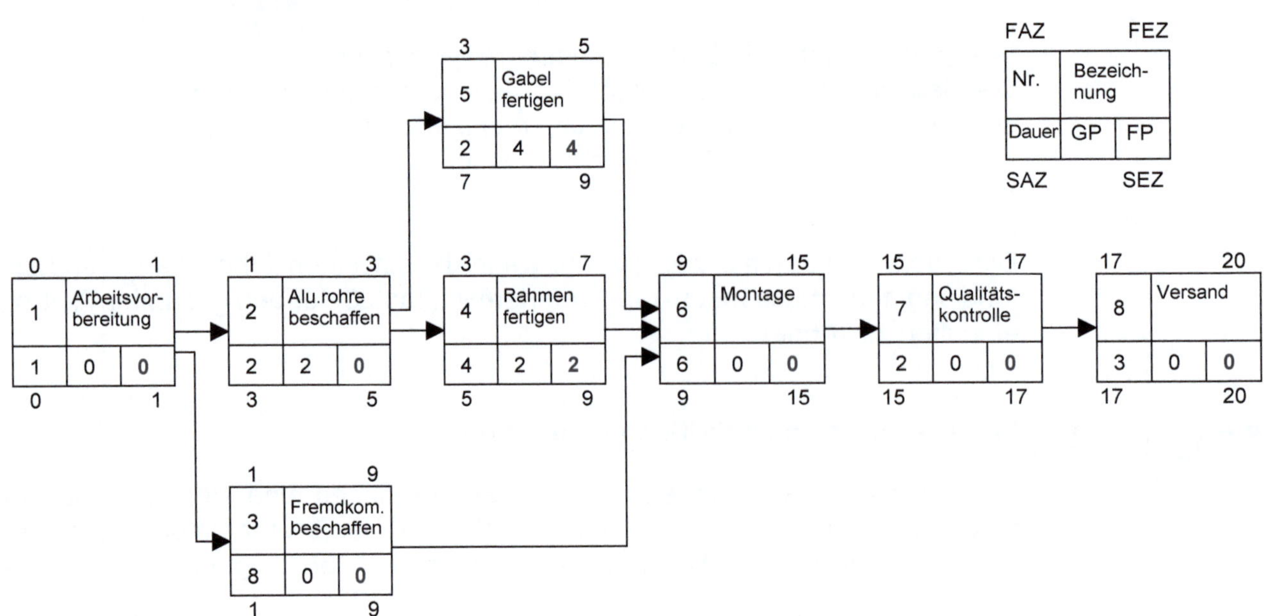

Der freie Puffer gibt an, wie viele Tage sich ein Vorgang verzögern darf, ohne dass sich dadurch der unmittelbar nachfolgende Vorgang verschiebt.

Beispiel: Vorgang Nr. 4 „Rahmen fertigen“
Die Rahmenfertigung darf sich um 2 Tage (von 4 auf insgesamt 6 Tage) verzögern, ohne dass sich dadurch die Montage verschiebt.

Gesamtpuffer und freier Puffer sind nicht immer gleich!

Beispiel: Vorgang Nr. 2 „Aluminiumrohre beschaffen“
Jede Verzögerung bei der Aluminiumrohrbeschaffung hat auch eine Verzögerung der Rahmenfertigung zur Folge. Die Beschaffung der Aluminiumrohre darf sich jedoch im Hinblick auf das Auftragsende um 2 Tage verzögern, da notfalls auch bei der anschließenden Rahmenfertigung noch ein Gesamtpuffer von 2 Tagen vorhanden wäre.

3. Kritischen Pfad ermitteln

Auf dem kritischen Pfad gilt für alle Vorgänge: GP = 0

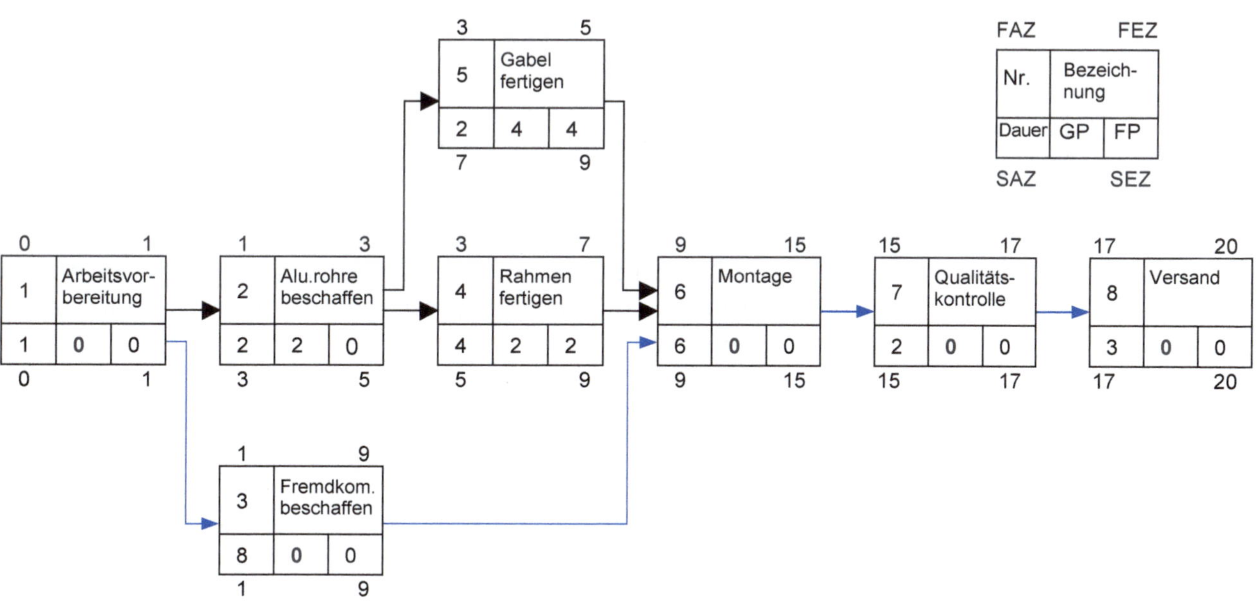

Fazit:
Der kritische Pfad besteht aus folgenden Vorgängen:

Nr. 1 (Arbeitsvorbereitung)
Nr. 3 (Fremdkomponenten beschaffen)
Nr. 6 (Montage)
Nr. 7 (Qualitätskontrolle)
Nr. 8 (Versand)

Bei diesen Vorgängen handelt es sich um zeitkritische Vorgänge. Ihre Termine müssen unbedingt eingehalten werden, um den Endtermin des gesamten Auftrags nicht zu gefährden!

Meilensteine setzen! Insbesondere bei großen Projekten werden Termine, die im Hinblick auf die Projekterfüllung von zentraler Bedeutung sind, durch sog. Meilensteine hervorgehoben.

Beispiel: Beim Bau eines Kraftwerkes können beispielsweise die Errichtung des Fundamentes, die Lieferung der Kessel, die Fertigstellung der Gasturbinen, die Inbetriebnahme etc. wichtige Meilensteine sein.

E Vor- und Nachteile der Netzplantechnik

Vorteile:

- Man wird zu einer systematischen Strukturierung der Arbeitsschritte gezwungen.
- Der Auftrags- bzw. Projektstatus kann exakt verfolgt werden.
- Zeitkritische Vorgänge werden erkennbar.
- Sachliche, finanzielle bzw. personelle Engpässe können ebenfalls aufgedeckt werden.

Nachteile:

- Die Erstellung von Netzplänen ist sehr zeitintensiv.
- Es muss eine ständige Überwachung und Aktualisierung der Netzplaninhalte erfolgen.
- Die betroffenen Mitarbeiter müssen den erstellten Netzplan verstehen und umsetzen.

F Welche Informationen enthält ein Maschinenbelegungsplan?

Beispiel:
Für das Verschweißen von Rohrteilen zu Fahrradrahmen (Arbeitsvorgang 020) wurde für eine Losgröße von 50 Stück eine Zeitvorgabe von 280 Minuten ermittelt. Der Auftrag (Auftragsnummer 87712) ist in der Schweißerei auf der Maschine Nummer 125 durchzuführen.

Folgender Maschinenbelegungsplan liegt vor (bevor Auftrag 87712 eingetragen ist): Belegungen sind mit X gekennzeichnet.

Maschinenbelegungsplan	**Kalenderwoche 32 bis 34**										**Betriebsmittel-Nr. 125**				
Auftrag	KW 32					KW 33					KW 34				
14599	X	X													
16877								X	X	X					
43325							X								
35697			X	X	X										
67811												X	X		

Zu diesem Zeitpunkt ist die Maschine nicht belegt, der Auftrag 87712 könnte hier eingelastet werden.

Sind Maschinen nicht im ausreichenden Maße frei, kommt es zu einem Engpass und der Auftrag muss auf freie Maschinenzeit warten. Es kann dadurch zu langen Liegezeiten kommen. Weiterhin ist es möglich, dass Termine nicht eingehalten werden können.

Um solche Verzögerungen zu vermeiden, können verschiedene Maßnahmen ergriffen werden:

- Aufträge mit höherer Priorität werden vorgezogen.
- Arbeiten werden an ein anderes Unternehmen vergeben.
- Es wird auf andere Maschinen ausgewichen.
- Durch Überstunden und Zusatzschichten werden die Betriebsmittel länger genutzt.
- Zusätzliche Maschinen werden angeschafft (nicht bei kurzfristigen Engpässen).

Es ist ebenfalls problematisch, wenn Maschinen nicht ausreichend ausgelastet sind. In solchen Fällen kommt es zu Leerkosten (anteilige Fixkosten). Durch solche Überkapazitäten kann jedoch eine kurze Durchlaufzeit erreicht werden, da Aufträge nicht auf freie Maschinen warten müssen (dafür warten freie Maschinen auf Aufträge).

So trainiere ich für die Prüfung

Aufgaben

1. Wissensfragen

1.1 Lernfragen

1. Nennen Sie drei Darstellungsformen der Projekt- oder Auftragsterminierung.

2. Erklären Sie den Unterschied zwischen Vorwärts- und Rückwärtsterminierung.

3. Erläutern Sie einen Vorteil der Vorwärtsterminierung.

4. Erläutern Sie einen Vorteil der Rückwärtsterminierung.

5. Zählen Sie vier Inhalte einer Vorgangsliste auf.

6. Woran erkennt man in einem Netzplan den kritischen Pfad?

7. Welche Bedeutung hat der kritische Pfad?

1.2 Mehrfachauswahl

1. Welche Aussage zur Vorwärtsterminierung eines Projektes ist richtig?

Bei der Vorwärtsterminierung werden

a) ausgehend von einem vorgegebenen Projektfertigstellungstermin die frühesten Anfangs- und Endzeitpunkte der einzelnen Vorgänge ermittelt.
b) nur die Anfangszeitpunkte der einzelnen Vorgänge berechnet.
c) ausgehend von einem vorgegebenen Projektbeginn die spätestmöglichen Anfangs- und Endtermine der einzelnen Vorgänge ermittelt.
d) ausgehend von einem vorgegebenen Starttermin des Projektes die frühestmöglichen Anfangs- und Endtermine der einzelnen Vorgänge ermittelt.
e) von links nach rechts sowohl die frühestmöglichen als auch die spätestmöglichen Anfangs- und Endtermine aller Vorgänge berechnet.

2. Woran erkennt man in einem Netzplan den kritischen Pfad?

a) Die Vorgänge auf dem kritischen Pfad haben den größten Gesamtpuffer.
b) Die Vorgänge auf dem kritischen Pfad haben keinen Gesamtpuffer.
c) Die Vorgänge auf dem kritischen Pfad haben die kürzeste Dauer aller Vorgänge.
d) Die Vorgänge auf dem kritischen Pfad befinden sich terminlich bereits in Verzug.
e) Die Vorgänge auf dem kritischen Pfad verursachen die höchsten Gesamtkosten.

3. Welcher Satz definiert den Gesamtpuffer zutreffend?

Der Gesamtpuffer sagt aus,

a) wie viel Zeit zwischen zwei aufeinander folgenden Vorgängen liegt.
b) um wie viele Tage sich ein Vorgang verzögern darf, ohne dass sich der unmittelbar nachfolgende Vorgang verschiebt.
c) um wie viele Tage sich ein Vorgang verzögern darf, ohne dass sich dadurch der Endtermin des gesamten Auftrags bzw. Projektes verschiebt.
d) um wie viele Tage sich ein Vorgang verzögern darf, ohne dass dies Auswirkungen auf irgendeinen anderen Vorgang innerhalb des Projektes hat.
e) wie groß die Abweichung zwischen dem geplanten und dem tatsächlichen Endtermin eines Vorgangs ist.

4. Welchen Vorteil bringt eine retrograde gegenüber einer progressiven Terminierung?

a) Es entstehen größere Zeitpuffer zwischen den Vorgängen, sodass die Gefahr von Terminverzögerungen geringer ist.
b) Das Projekt ist früher fertig als bei einer progressiven Terminierung.
c) Die Versorgungssicherheit ist höher.
d) Der Endtermin des Auftrages kann mit einer größeren Wahrscheinlichkeit eingehalten werden.
e) Die Kapitalbindung ist geringer.

5. Bringen Sie folgende Schritte bei der Erstellung eines Netzplanes in die richtige Reihenfolge.

Schritt	Reihenfolge (Ziffer 1 bis 5)
Späteste Anfangs- und Endtermine der einzelnen Vorgänge ermitteln	
Vorgangsliste erstellen	
Kritischen Pfad ermitteln	
Gesamtpuffer und freie Puffer berechnen	
Früheste Anfangs- und Endzeitpunkte der einzelnen Vorgänge ermitteln	

1.3 Richtig oder falsch?

Geben Sie an, ob die folgenden Aussagen zum Maschinenbelegungsplan richtig oder falsch sind. Begründen Sie Ihre Einschätzung.

Aussage	Richtig oder falsch? (mit Begründung)
1. Der Maschinenbelegungsplan ist ein Instrument der Grobterminierung.	
2. Der Maschinenbelegungsplan zeigt die optimale Losgröße.	
3. Der Maschinenbelegungsplan wird im Rahmen der Fertigungssteuerung angewendet.	
4. Mit dem Maschinenbelegungsplan kann man unabhängig vom jeweiligen Auftrag die Durchlaufzeit eines Produktes ermitteln.	

5. Anhand des Maschinenbelegungsplanes können die Fertigungslöhne der Mitarbeiter bestimmt werden.	
6. Mithilfe eines Maschinenbelegungsplanes kann die Kapazitätsauslastung optimiert werden.	

2. Fallsituation

Ein Hersteller von Spezialbehältern für die Industrie erhält einen Auftrag über die Sonderanfertigung eines Lkw-Behälters für chemische Gefahrstoffe. Für den herzustellenden Behälter muss erst noch eine Konstruktionszeichnung erstellt werden. Außerdem ist ein Spezialwerkzeug anzufertigen, das für die Montage benötigt wird.

Ihre Aufgabe: Sie sollen eine Terminplanung für den Auftrag vornehmen.

Hierzu liegen Ihnen eine unvollständige Vorgangsliste sowie ein Balkendiagramm vor.

Vorgangsliste:

Nr.	Vorgang	Dauer	Vorgänger	Nachfolger
1	Konstruktion	3 Tage		2, 3, 4
2	Deckelmaterial beschaffen	3 Tage		5
3	Behältermaterial beschaffen	6 Tage	1	
4	Werkzeug erstellen		1	7
5	Deckel fertigen	2 Tage		7
6	Behälter fertigen	3 Tage	3	
7	Montage	2 Tage		8
8	Test	1 Tag	7	

Balkendiagramm:

Nr.	Vorgang	Zeit in Tagen: 1 2 3 4 5 6 7 8 9 10 11 12 13 14 15 16 17 18 19 20
1	Konstruktion	
2	Deckelmaterial beschaffen	
3	Behältermaterial beschaffen	
4	Werkzeug erstellen	
5	Deckel fertigen	
6	Behälter fertigen	
7	Montage	
8	Test	

a) Führen Sie die notwendigen Ergänzungen in der Vorgangsliste durch.

b) Ein Mitarbeiter der Arbeitsvorbereitung legt Ihnen folgenden Netzplan vor. Der Netzplan enthält jedoch fünf Fehler. Korrigieren Sie die Fehler. Anmerkung: Der Netzplan geht davon aus, dass der Auftrag gemäß Kundenvorgabe spätestens nach 15 Arbeitstagen erfüllt sein muss.

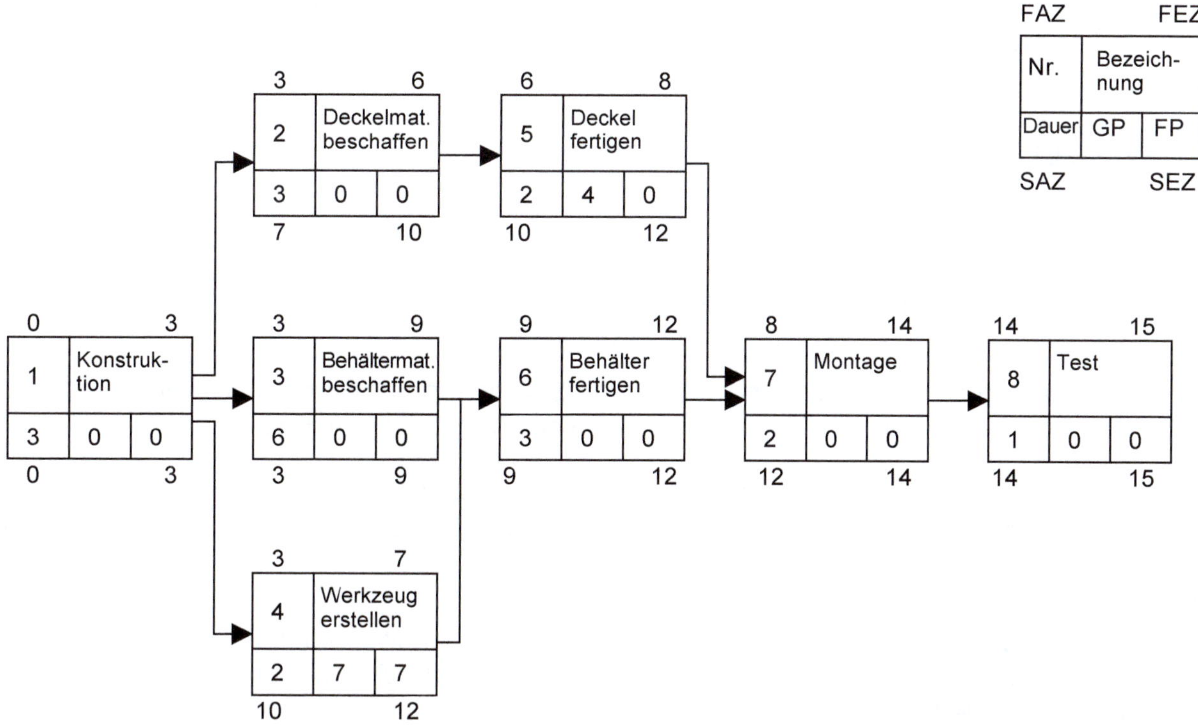

c) Nennen Sie die Vorgänge, die auf dem kritischen Pfad liegen.

d) Der Kunde möchte den Behälter am Tag 18 morgens abholen. Bis dahin muss der Behälter fertig und der Test abgeschlossen sein. Erstellen Sie das Balkendiagramm für den Fall einer retrograden Terminierung.

Nr.	Vorgang	Zeit in Tagen																			
		1	2	3	4	5	6	7	8	9	10	11	12	13	14	15	16	17	18	19	20
1	Konstruktion																				
2	Deckelmaterial beschaffen																				
3	Behältermaterial beschaffen																				
4	Werkzeug erstellen																				
5	Deckel fertigen																				
6	Behälter fertigen																				
7	Montage																				
8	Test																				

e) Ihr Kollege sieht Ihren retrograd terminierten Terminplan und meint: „Das können wir so auf gar keinen Fall machen! Wir müssen so früh wie möglich mit allen Arbeitsschritten beginnen, damit wir den Termin des Kunden einhalten können!" Erläutern Sie zwei Argumente, die Sie Ihrem Kollegen entgegenhalten.

f) Ein Mitarbeiter aus der Fertigung meint: „Diese Netzplantechnik verursacht doch nur unnützen Aufwand. Aber eigentlich bringt sie doch nichts!" Erklären Sie dem Mitarbeiter anhand von zwei Argumenten den Nutzen der Netzplantechnik.

Lösungen

1. Wissensfragen

1.1 Lernfragen

1. Vorgangsliste, Balkendiagramm, Netzplan

2. Vorwärtsterminierung: Ausgehend von einem vorgegebenen Starttermin werden die frühestmöglichen Anfangs- und Endtermine der einzelnen Vorgänge ermittelt.

Rückwärtsterminierung: Ausgehend von einem vorgegebenen Endtermin des Auftrags bzw. Projektes werden die spätestmöglichen Anfangs- und Endtermine der einzelnen Vorgänge ermittelt.

3. Alle Vorgänge starten so früh wie möglich. Dadurch können Zeitpuffer entstehen und Vorräte aufgebaut werden. Das Risiko der Terminverzögerung durch außerplanmäßige Vorfälle kann dadurch verringert werden.

4. Es entstehen keine Zeitpuffer. Dadurch werden unnötige Bestände (z. B. im Zwischenlager der Produktion) vermieden. Lagerkosten und Kapitalbindung sind geringer.

5. z. B. Vorgangsnummer, Vorgangsbezeichnung, Vorgangsdauer, Vorgänger

6. Auf dem kritischen Pfad haben die Vorgänge keinen Gesamtpuffer.

7. Die Vorgänge auf dem kritischen Pfad dürfen sich nicht verzögern, da sich sonst der Fertigstellungstermin des gesamten Auftrages verschiebt. Vertragsstrafen, Schadensersatz, Umsatzeinbußen wären die Folge.

1.2 Mehrfachauswahl

1. d

2. b

„Kritisch“ heißt hier, dass eine Verzögerung eines Vorgangs zu einer Verzögerung des gesamten Projektes bzw. Auftrags führt.

3. c

b) = Freier Puffer

4. e

Da alle Vorgänge so spät wie möglich beginnen, wird der Aufbau unnötiger Bestände weitestgehend vermieden.

5.

Schritt	Reihenfolge (Ziffer 1 bis 5)
Späteste Anfangs- und Endtermine der einzelnen Vorgänge ermitteln	**3**
Vorgangsliste erstellen	**1**
Kritischen Pfad ermitteln	**5**
Gesamtpuffer und freie Puffer berechnen	**4**
Früheste Anfangs- und Endzeitpunkte der einzelnen Vorgänge ermitteln	**2**

1.3 Richtig oder falsch?

Aussage	Richtig oder falsch? (mit Begründung)
1. Der Maschinenbelegungsplan ist ein Instrument der Grobterminierung.	**Falsch**, der Maschinenbelegungsplan bezieht sich auf einen einzelnen Auftrag und dient damit der Feinabstimmung.
2. Der Maschinenbelegungsplan zeigt die optimale Losgröße.	**Falsch**, die Belegung der Maschinen muss sich nach der bereits vorgegebenen Losgröße richten.
3. Der Maschinenbelegungsplan wird im Rahmen der Fertigungssteuerung angewendet.	**Richtig**
4. Mit dem Maschinenbelegungsplan kann man unabhängig vom jeweiligen Auftrag die Durchlaufzeit eines Produktes ermitteln.	**Falsch**, der Maschinenbelegungsplan nimmt Bezug auf den jeweiligen Auftrag.
5. Anhand des Maschinenbelegungsplanes können die Fertigungslöhne der Mitarbeiter bestimmt werden.	**Falsch**, dazu dienen andere Formen der Arbeitspläne.
6. Mithilfe eines Maschinenbelegungsplanes kann die Kapazitätsauslastung optimiert werden.	**Richtig**, es wird ersichtlich, wann Maschinen Stillstandszeiten aufweisen. Diese können durch sinnvolle Belegungspläne verringert werden.

2. Fallsituation

a)

Nr.	Vorgang	Dauer	Vorgänger	Nachfolger
1	Konstruktion	3 Tage		2, 3, 4
2	Deckelmaterial beschaffen	3 Tage	**1**	5
3	Behältermaterial beschaffen	6 Tage	1	**6**
4	Werkzeug erstellen	**2 Tage**	1	7
5	Deckel fertigen	2 Tage	**2**	7
6	Behälter fertigen	3 Tage	3	**7**
7	Montage	2 Tage	**4, 5, 6**	8
8	Test	1 Tag	7	

A

C, D

b)

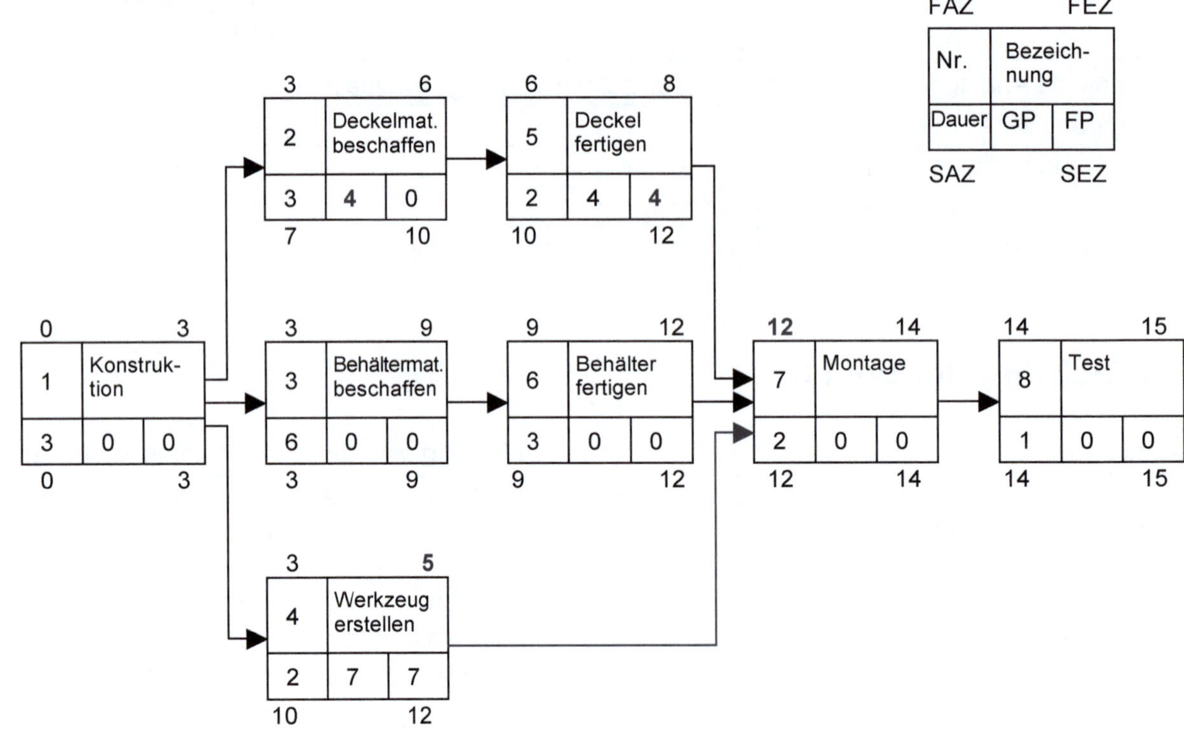

c)

Kritischer Pfad: Vorgänge 1, 3, 6, 7 und 8 (kein Gesamtpuffer)

B

d)

Nr.	Vorgang	Zeit in Tagen (1–20)
1	Konstruktion	
2	Deckelmaterial beschaffen	
3	Behältermaterial beschaffen	
4	Werkzeug erstellen	
5	Deckel fertigen	
6	Behälter fertigen	
7	Montage	
8	Test	

B, C

e)

Wenn wir mit allen Vorgängen so früh wie möglich beginnen (siehe ursprüngl. Diagramm), müssen die Materialien für den Deckel 6 Tage und für den Behälter 2 Tage früher beschafft werden. Die retrograde Terminierung hilft also, die Bestände und damit auch Kapital- und Lagerkosten zu senken.

Ferner belastet die retrograde Terminierung die Kapazitäten (Personal, Maschinen) nicht unnötig früh. Die freien Kapazitäten stehen in dieser Zeit dann für dringendere Aufträge zur Verfügung.

f)

E

Die Netzplantechnik zwingt uns, komplexe Aufträge systematisch zu strukturieren. Die gegenseitigen Abhängigkeiten der einzelnen Arbeitsschritte werden dadurch deutlich.

Mithilfe des Netzplanes kann man erkennen, welche Vorgänge in besonderem Maße Einfluss auf die termingerechte Fertigstellung von Aufträgen haben. Diese kritischen Vorgänge können dann von Anfang an gezielt kontrolliert werden. Die Gefahr von Terminverzögerungen kann frühzeitig erkannt und Gegenmaßnahmen können evtl. noch rechtzeitig eingeleitet werden.

IV. Verbesserung des Produktionsprozesses

1. Qualitätsmanagement

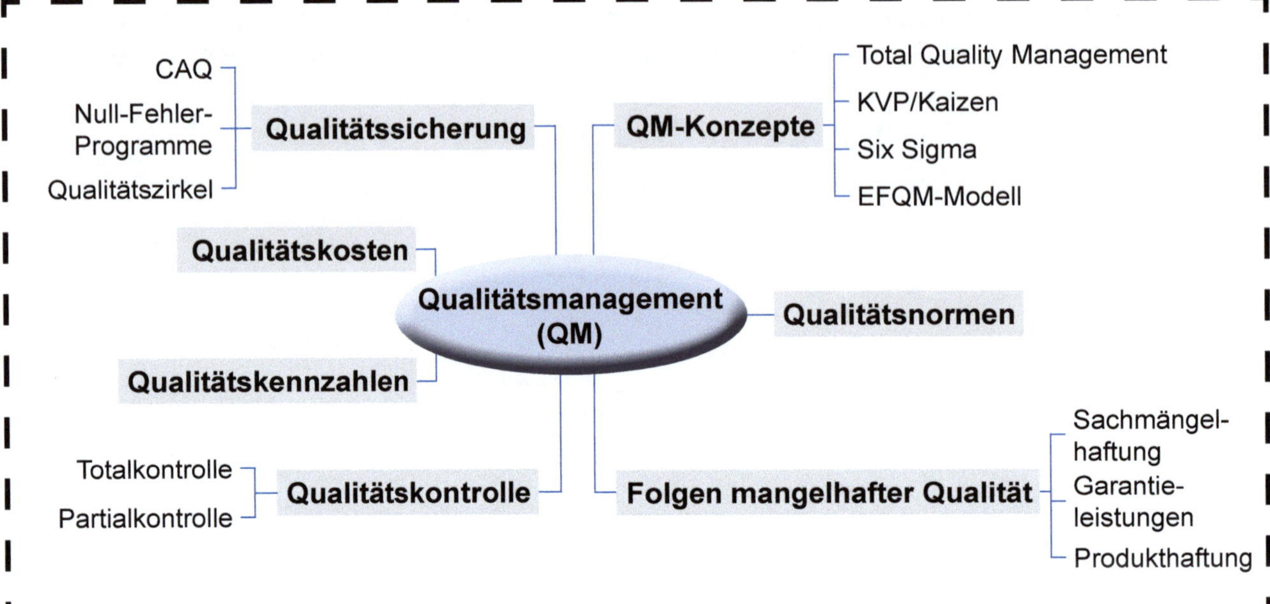

Was muss ich für die Prüfung wissen?

1.1 Qualitätsbegriff

Qualität ist das Vermögen einer Gesamtheit inhärenter (lateinisch: innewohnend) Merkmale eines Produkts, eines Systems oder eines Prozesses zur Erfüllung von Forderungen von Kunden und anderen interessierten Parteien (DIN EN ISO 9000).

Qualität kann sich dabei auf Produkte, Dienstleistungen, Konzepte, Entwürfe, Software, Arbeitsabläufe, Verfahren und Prozesse beziehen.

Merkmale von Produktqualität können sein:

- Gebrauchsnutzen
- Ausstattung
- Zuverlässigkeit
- Haltbarkeit
- Ästhetik
- etc.

Von der Qualitätskontrolle zum Qualitätsmanagement:

Qualitätsmanagement
Alle Prozesse und Organisationen auf Qualität ausrichten

Qualitätssicherung
Fehler vermeiden,
Qualitätsanforderungen einhalten

Qualitätskontrolle
Fehlerhafte Teile erkennen und aussortieren

1.2 Qualitätskontrolle

Bei der Qualitätskontrolle wird geprüft, inwieweit Produkte (oder Dienstleistungen) die Qualitätsanforderungen erfüllen.

Im Vordergrund steht dabei die Fehlerentdeckung.

Man kann folgende Varianten der Qualitätskontrolle unterscheiden:

- nach dem Prüfzeitpunkt: Eingangs-, Zwischen- oder Endkontrolle
- nach dem Prüfumfang: Total- oder Stichprobenkontrolle.

Zeitpunkt der Qualitätskontrolle:

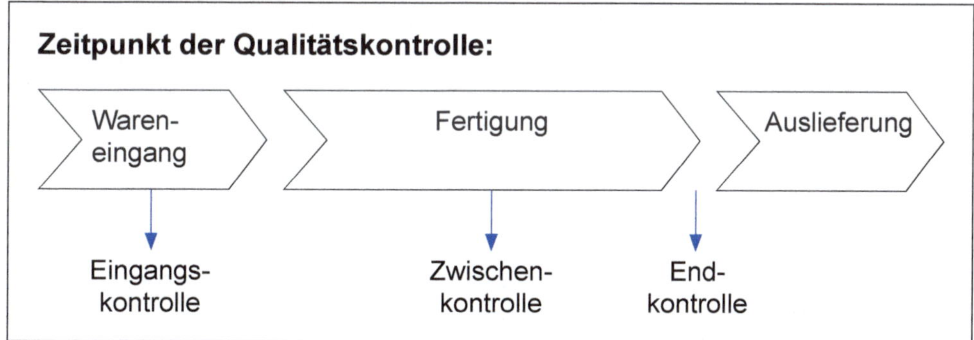

Prüfzeitpunkt	Erläuterung
a) Eingangskontrolle	Werkstoffe/bezogene Teile werden beim Wareneingang kontrolliert.
b) Zwischenkontrolle	Unfertige Erzeugnissen werden während des Fertigungsprozesses kontrolliert.
c) Endkontrolle	Fertigerzeugnisse werden vor der Auslieferung kontrolliert.

Prüfumfang	Erläuterung
a) Totalkontrolle (100 %-Kontrolle)	Alle Teile werden überprüft.
b) Stichprobenkontrolle (Partialkontrolle)	Nur ein bestimmter Teil der Gesamtmenge (Stichprobe) wird überprüft. Die Auswahl erfolgt nach dem Zufallsprinzip. Anhand des Stichprobenergebnisses wird auf die Qualität der Gesamtmenge geschlossen.

1.3 Qualitätssicherung

Qualitätssicherung ist die Summe aller Maßnahmen, die gewährleisten sollen, dass die Produkte (oder Dienstleistungen) die geforderte Qualität erreichen.

Im Gegensatz zur reinen Qualitätskontrolle setzt die Qualitätssicherung bereits bei der Fehlerverhütung an.

Maßnahmen der Qualitätssicherung können sein:

- Qualitätskontrolle (siehe 1.2)
- CAQ (Computer Aided Quality Assurance)
- Null-Fehler-Programme
- Qualitätszirkel
- etc.

a) Computergestützte Qualitätssicherung (CAQ):

CAQ umfasst computergestützte Maßnahmen zur Planung und Durchführung der Qualitätssicherung. Außerdem analysieren, dokumentieren und archivieren CAQ-Systeme qualitätsrelevante Daten von Fertigungsprozessen.

b) Null-Fehler-Programme:

Das Ziel von Null-Fehler-Programmen ist eine fehlerfreie Produktion ohne Ausschuss und Nacharbeit. Dieser Idealzustand wird zwar in der Regel nie erreicht, sollte jedoch von allen Mitarbeitern angestrebt werden. Der Schwerpunkt liegt dabei auf der Fehlervermeidung und der Beseitigung der Fehlerursachen. Zu den Elementen eines Null-Fehler-Programmes gehören z. B. Mitarbeiterschulungen, Einbeziehung von Qualitätsexperten, objektive Offenlegung von Qualitätsabweichungen, Anerkennung von Qualitätsleistungen, Null-Fehler-Verträge mit Lieferanten etc.

c) Qualitätszirkel:

Abteilungsübergreifende Arbeitskreise, die regelmäßig zusammenkommen, um durch Erfahrungsaustausch und Ideenproduktion die Qualität der Gütererstellung an ihren Arbeitsplätzen zu verbessern. Typische Fragestellungen sind neben der Verringerung von Ausschuss- und Fehlerquoten Probleme der Arbeitsgeschwindigkeit. Durch die Einbeziehung der Mitarbeiter in die Planung des Arbeitsprozesses kann die Motivation der Arbeiter durch ein günstiges Gruppen- und Betriebsklima gesteigert werden.

1.4 Qualitätsmanagement (QM)

Qualitätsmanagement umfasst alle organisierten Maßnahmen, die der Erhaltung und Verbesserung von Produkten, Prozessen oder Leistungen dienen.

Das QM bezieht sich nicht nur auf Produkte (bzw. Dienstleistungen), sondern auch auf interne Prozesse und die Organisationen. Interne Arbeitsabläufe und Organisationen sollen so gestaltet sein, dass die Erfüllung der Qualitätsansprüche möglichst optimal gewährleistet werden kann.

a) Qualitätsmanagementsystem (QMS):

Ein Qualitätsmanagementsystem ist auf die dauerhafte und systematische Optimierung der Qualität ausgerichtet und enthält folgende Punkte:

- Organisation von Arbeitsabläufen
- Organisation des Informationsflusses
- Festlegung von Verantwortungen
- Durchführung von Prüfungen zur Qualitätssicherung.

b) Qualitätsmanagementhandbuch:

Die Dokumentation des QMS erfolgt häufig in Form eines Qualitätsmanagementhandbuchs. Die Regelungen des QMS werden dadurch nachvollziehbar und transparent gemacht.

c) Qualitätsplanung:

Die Qualitätsplanung ist Teil des Qualitätsmanagement. Im Rahmen der Qualitätsplanung werden Qualitätsziele sowie die zur Zielerreichung notwendigen Prozesse und Ressourcen festgelegt.

Qualitätsmanagement-Konzepte:

a) Total Quality Management (TQM)

Ziel des TQM ist ein ganzheitliches Qualitätsbewusstsein auf allen Ebenen des Unternehmens.

Alle Abteilungen vom Einkauf über FuE, Produktion, Absatz und Controlling werden dabei in das Qualitätsmanagement einbezogen. TQM-Programme erstrecken sich häufig nicht nur auf das eigene Unternehmen, sondern auch auf Lieferanten. Im Vordergrund steht die Motivation der Mitarbeiter durch vorbildliches Verhalten der Führungskräfte (Management). Nur aus Überzeugung und Engagement aller Beteiligten kann ein optimales Qualitätsniveau verwirklicht werden. TQM zielt auf eine kontinuierliche Verbesserung betrieblicher Prozesse ab.

Total	bezeichnet die Einbeziehung aller Abteilungen und Mitarbeiter sowie der Zulieferer.
Quality	steht für eine Ausrichtung auf die Bedürfnisse des Kunden und die damit verbundenen Qualitätsanforderungen.
Management	steht für ein von der obersten Ebene ausgehendes, strategisches Führungsverhalten, das die Aufmerksamkeit auf die Verbesserung der Qualität richtet.

Wichtige Prinzipien des TQM:

- Qualität orientiert sich am Kunden.
- Qualität erfordert die Einbeziehung aller Abteilungen und Mitarbeiter (inkl. Zulieferer).
- Qualität ist kein Ziel, sondern ein Prozess, der nie zu Ende geht.
- Qualität bezieht sich nicht nur auf Produkte, sondern auch auf Prozesse.

b) Kontinuierlicher Verbesserungsprozess (KVP)

Ein KVP zielt auf die stetige Verbesserung der Qualität in kleinen Schritten ab. Die Umsetzung erfolgt bevorzugt in Teamarbeit. Der KVP ist ein zwingender Bestandteil des Qualitätsmanagement gemäß der DIN EN ISO 9001. Zwischen dem KVP und der japanischen Philosophie des Kaizen besteht ein enger Zusammenhang.

c) Kaizen

Kaizen (jap. kai = ändern; zen = das Gute; wörtl. Verbesserung) ist ein japanisches Management-Konzept. Gemäß Kaizen weist nicht die sprunghafte Veränderung, sondern die ständige

Verbesserung in vielen kleinen Schritten als den Weg zum Erfolg. Der aktuelle Zustand wird jeweils als der schlechteste betrachtet und muss verbessert werden. Die Philosophie des Kaizen beschränkt sich allerdings nicht nur auf Qualitätsziele; sie kann sich auch Kostensenkung und Zeitersparnis beziehen (siehe Kapitel 4.2 Rationalisierung).

d) Six Sigma

Six Sigma ist ein statistisches Qualitätsziel. Sigma bezeichnet in der Statistik die Standardabweichung. Ein Prozess, dessen Output sechs Standardabweichungen vom Erwartungswert abweicht, wird als Six Sigma bezeichnet. Demnach dürfen von einer Million Output 3,4 fehlerhaft sein (3,4 dpmo = 3,4 defects per million opportunities).

e) EFQM-Modell

EFQM = European Foundation for Quality Management

Das EFQM-Modell fordert eine regelmäßige Selbstbewertung, mithilfe derer Stärken und Verbesserungspotenziale identifiziert werden sollen. Es basiert auf den drei Säulen: Menschen, Prozesse und Ergebnisse.

Ziel: Durch Einbindung aller Mitarbeiter in einen kontinuierlichen Verbesserungsprozess bessere Ergebnisse erzielen.

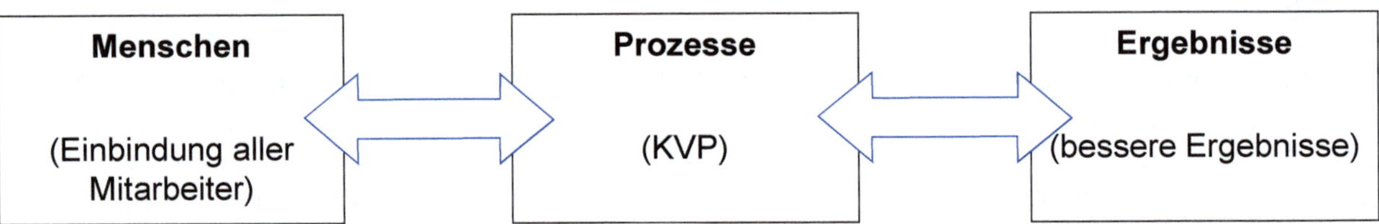

1.5 Qualitätsnormen

Eine Qualitätsmanagement-Norm beschreibt, welche Anforderungen erfüllt sein müssen, um einem bestimmten Qualitätsstandard zu entsprechen.

Eines der wichtigsten Normenwerke stellt die DIN EN ISO 9000 ff. dar:

- DIN EN ISO 9000: Grundbegriffe des Qualitätsmanagement
- DIN EN ISO 9001: Anforderungen an Qualitätsmanagement-Systeme
- DIN EN ISO 9004: Leitfaden zur Leistungsverbesserung von Qualitätsmanagement-Systemen

Abkürzungen:

DIN ⇒ Deutsches Institut für Normung (nationale Norm)
EN ⇒ Europäische Norm
ISO ⇒ International Organization for Standardization (Internationale Norm)

Die sieben Grundsätze des Qualitätsmanagement gemäß DIN EN ISO 9000:

1. Kundenorientierung
2. Führung
3. Engagement von Personen
4. Prozessorienter Ansatz
5. Verbesserung

6. Faktengestützte Entscheidungsfindung
7. Beziehungsmanagement

Darüber hinaus existieren branchenspezifische Normen (z. B. Automobilindustrie). Diese werden i. d. R. von Verbänden (z. B. VDA Verband der Automobilindustrie) festgelegt.

1.6 Qualitätskennzahlen

Kennzahl	Formel	Die Kennzahl gibt an ...
Fehlerquote	$\frac{\text{fehlerhafte Prozesse bzw. Teile}}{\text{Gesamtzahl der Prozesse bzw. Teile}} \cdot 100\ \%$	... wie viel Prozent der Prozesse zu fehlerhaften Ergebnissen führen, bzw. wie viel Prozent aller Teile fehlerhaft sind.
Ausschussquote	$\frac{\text{Ausschussmenge}}{\text{gesamte Produktionsmenge}} \cdot 100\ \%$	... wie hoch der Anteil des Ausschusses an der gesamten Produktionsmenge einer Fertigungsstufe ist.
Reklamationsquote	$\frac{\text{reklamierte Bestellungen}}{\text{Gesamtzahl der Bestellungen}} \cdot 100\ \%$	... wie viel Prozent der gesamten Kundenbestellungen wegen Fehlerhaftigkeit reklamiert wurden.
First Pass Yield (FPY)	$\frac{\text{fehlerfreie Teile}}{\text{Gesamtzahl der Teile}} \cdot 100\ \%$	... wie viel Prozent der Teile bereits im ersten Prozessdurchlauf korrekt sind und keine Nacharbeit erfordern.

Statt in Prozent erfolgt die Angabe bei geringen Quoten oft in ppm (parts per million). Im Hinblick auf die Fehlerquote wird sehr häufig die Einheit dpmo (defects per million opportunities) verwendet. Sie bezeichnet die Anzahl von Fehlern oder defekten Einheiten pro einer Million betrachteter Einheiten (Fehlermöglichkeiten).

Fehler: Ein Fehler liegt dann vor, wenn ein Erzeugnis oder ein Prozess Qualitätsanforderungen nicht erfüllt. Dabei spielt es zunächst keine Rolle, ob die Fehler noch nachträglich beseitigt werden können oder nicht.

Ausschuss: Beim Ausschuss handelt es sich um fehlerhafte Erzeugnisse, bei denen die Qualitätsanforderung auch durch Nacharbeit nicht mehr erfüllt werden kann. Die betroffenen Teile sind somit unbrauchbar.

1.7 Rechtsfolgen bei mangelhafter Produktqualität

	Gesetzliche Mängelhaftung	Garantie	Produkthaftung
Rechtsgrundlage	Bürgerliches Gesetzbuch (BGB)	Garantieversprechen des Verkäufers bzw. Herstellers (Vertragliche Vereinbarung, AGB)	Produkthaftungsgesetz (ProdHaftG)
Wer haftet?	Verkäufer	Je nach Art der Garantie (Händler- oder Herstellergarantie)	Hersteller
Voraussetzungen	Mangelhaftigkeit der Kaufsache bzw. des Werkes zum Zeitpunkt des Gefahrenüberganges bzw. Abnahme des Werkes	Fehlen einer garantierten Beschaffenheit innerhalb der Garantiezeit (verschuldensunabhängig)	Fehlerhaftigkeit des Produkts (bewegliche Sachen) bei Inverkehrbringung

Ansprüche	• Nacherfüllung (vorrangig) • Minderung, Rücktritt vom Vertrag (nachrangig) • zusätzlich bei Verschulden: Schadensersatz (bzw. Aufwendungsersatz)	Anspruch gemäß Garantievereinbarung (geht in der Regel über gesetzliche Mängelansprüche hinaus)	Schadensersatz für Sachschäden (nicht für Schäden am Produkt selbst), Körperverletzung, Tötung, Schmerzensgeld
Verjährung	• 2 Jahre bei beweglichen Sachen ab Ablieferung der Sache bzw. Abnahme des Werkes • 5 Jahre bei Bauwerken • 30 Jahre bei dinglichen Rechten bzw. Gerichtsurteilen • 3 Jahre (Regelverjährung) bei arglistig verschwiegenen und sonstigen Mängeln • Fristverkürzung unter Kaufleuten sowie bei Gebrauchtgütern möglich	Der Mangel muss innerhalb der Garantiefrist entdeckt werden. Für die Erfüllung der Garantieansprüche gilt dann nach allg. Rechtsauffassung die Regelverjährung (3 Jahre) beginnend mit Entdeckung des Mangels.	• 3 Jahre nach Kenntnis des Fehlers, des Schadens und des Ersatzpflichtigen • spätestens jedoch 10 Jahre nach Inverkehrbringung des Produktes • ansonsten gelten die Verjährungsfristen des BGB • Fristverkürzung unter Kaufleuten möglich

1.8 Qualitätskosten

Die Qualitätskosten werden auf etwa 10 % bis 30 % des Umsatzes geschätzt. Damit wird die Qualität zu einem wichtigen Kostenfaktor.

Qualitätskosten sind alle Kosten der Fehlerverhütung, der Qualitätsprüfung und der Fehlerbeseitigung.

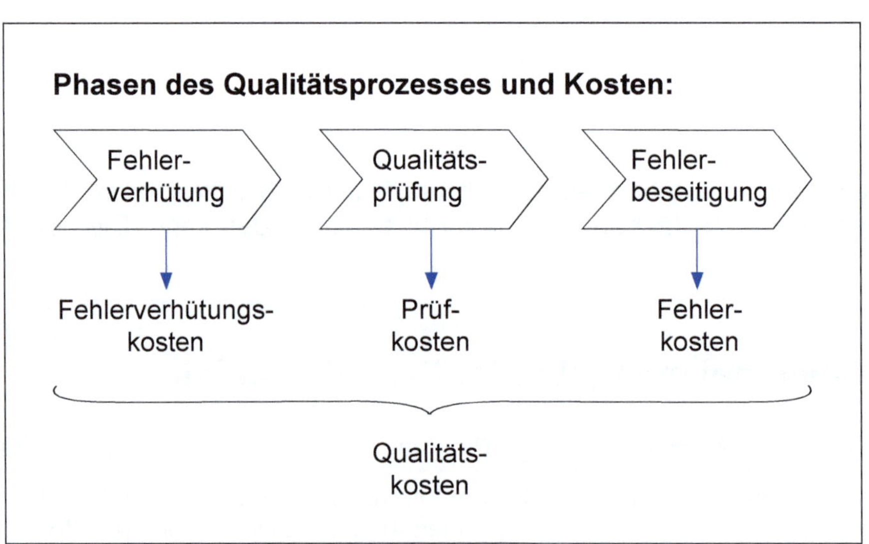

Art der Kosten	Ziel	Wofür fallen die Kosten an?
Fehlerverhütungskosten	Entstehung von Fehlern vermeiden	Mitarbeiterschulungen, Qualitätsaudits, Qualitätsplanung etc.
Prüfkosten	Fehler aufdecken	Wareneingangsprüfung, Qualitätskontrollen in der Fertigung, Laboruntersuchungen etc. (Prüfmittelkosten, Personalkosten)
Fehlerkosten (Fehlerbeseitigungskosten, Fehlerfolgekosten)	Fehler beseitigen, Schaden beheben	Ausschuss, Nacharbeit, Entsorgung, Wertminderung, Reklamationsbearbeitung, Garantieleistungen, Vertragsstrafen, Schadensersatz etc.

Was erwartet mich in der Prüfung?

1. Das Lernlabyrinth

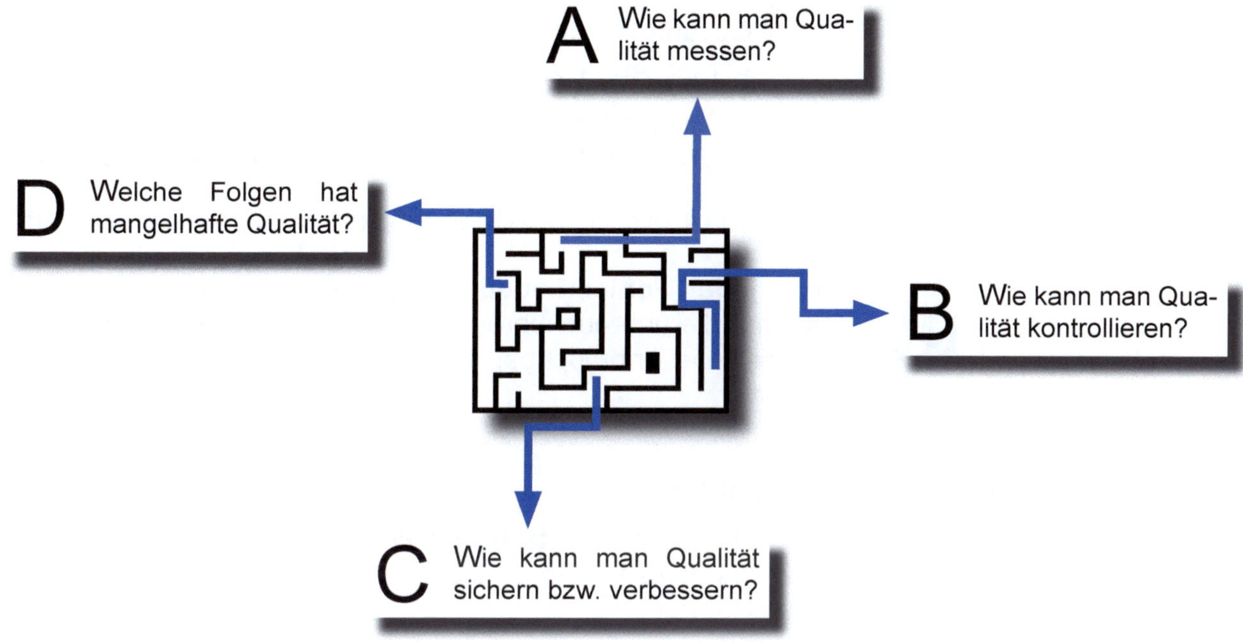

2. Wege aus dem Labyrinth

A Wie kann man Qualität messen?

Beispiel:
Ein Werkzeughersteller fertigt keramische Schneidkörper für die Metallbearbeitung. Die Ergebnisse der Qualitätskontrollen für den letzten Monat führen zu folgender Statistik:

Es wurden insgesamt 2.245.000 Teile produziert. Davon konnten bei 230 Stück die Qualitätsanforderungen erst durch Nacharbeit erfüllt werden. 360 Stück konnten nicht mehr verwendet werden und stellten somit Ausschuss dar.

a) Ausschussquote

Die Ausschussquote setzt die Ausschussmenge ins Verhältnis zur gesamten Produktionsmenge.

Berechnung:

$$\text{Ausschussquote} = \frac{\text{Ausschussmenge}}{\text{Gesamtzahl der Teile}} \cdot 100\,\%$$

$$= \frac{360 \text{ Stk.}}{2.245.000 \text{ Stk.}} \cdot 100\,\%$$

$$= \mathbf{0{,}0160\,\% = 160\ ppm\ (parts\ per\ million)}$$

Interpretation: Pro 1 Mio. produzierter Teile entstehen 160 Stück Ausschuss.

b) Fehlerquote

Die Fehlerquote setzt die fehlerhaften Teile ins Verhältnis zu allen produzierten Teilen (inkl. der Ausschussteile).

Berechnung:

$$\text{Fehlerquote} = \frac{\text{Fehlerhafte Teile}}{\text{Gesamtzahl der Teile}} \cdot 100\ \%$$

$$= \frac{(360\ \text{Stk.} + 230\ \text{Stk.})}{2.245.000\ \text{Stk.}} \cdot 100\ \%$$

= **0,0263 % = 263 dpmo (defects per million opportunities)**

Interpretation: Von 1 Mio. produzierten Stück sind 263 Stück fehlerhaft.

Nicht jeder Fehler bedeutet Ausschuss! Der Ausschuss umfasst nur die unbrauchbaren Teile. Fehlerhafte Teile müssen nicht zwangsläufig unbrauchbar sein; sie können evtl. nachbearbeitet werden.

c) First Pass Yield (FPY)

Der First Pass Yield setzt die fehlerfreien Teile einer Fertigungsstufe ins Verhältnis zur Gesamtzahl der Teile, die diese Fertigungsstufe durchlaufen.

Beispiel:

Um die Fehlerursachen besser herausfinden zu können, wurde in der Fertigung des Werkzeugherstellers der sog. „First Pass Yield (FPY)" eingeführt. Dieser wird für jede Fertigungsstufe ermittelt.

Für die Stufe „Entgraten" sind folgende Zahlen bekannt: 2.120.000 Stück durchliefen insgesamt die Engratung. Davon konnten 2.119.690 Stück ohne Fehler an die nächste Fertigungsstufe weitergegeben werden.

Berechnung:

$$\text{FPY} = \frac{\text{Fehlerfreie Teile}}{\text{Gesamtzahl der Teile}} \cdot 100\ \%$$

$$= \frac{2.119.690\ \text{Stk.}}{2.120.000\ \text{Stk.}} \cdot 100\ \% = \mathbf{99{,}9854\ \%}$$

Interpretation: 99,9854 % der Teile, die diese Fertigungsstufe durchlaufen, sind fehlerfrei.

d) Reklamationsquote

Die Reklamationsquote setzt die Zahl der reklamierten Kundenbestellungen ins Verhältnis zur Gesamtzahl der Kundenbestellungen.

Beispiel:

Insgesamt erhielt der Werkzeughersteller im letzten Jahr 2.200 Kundenbestellungen. Davon wurden 28 von den Kunden reklamiert.

Berechnung:

$$\text{Reklamationsquote} = \frac{\text{Reklamierte Bestellungen}}{\text{Gesamtzahl der Bestellungen}} \cdot 100\ \%$$

$$= \frac{28}{2.200\ \text{Stk.}} \cdot 100\ \% = \mathbf{1{,}27\ \%}$$

Interpretation: Bei 1,27 % der Kundenbestellungen kommt es zu Reklamationen.

Die Ursache für die Reklamationen muss nicht zwangsläufig in der Produktion liegen!

Falsche Auftragserfassungen im Vertrieb, Versandfehler, Transportschäden u. v. m. können ebenfalls zu Reklamationen führen. Die Reklamationsquote ist daher zur Beurteilung der Produkt- und Fertigungsqualität nur bedingt geeignet. Dennoch ist die Reklamationsquote von hoher Bedeutung, da sie auch die Fehler erfasst, die durch die interne Qualitätskontrolle nicht aufgedeckt werden konnten.

B Wie kann man Qualität kontrollieren?

1. Zu welchem Zeitpunkt soll die Kontrolle erfolgen? Eingangs-, Zwischen- oder Endkontrolle?

Eine frühe Kontrolle ermöglicht die frühzeitige Fehlererkennung. Je früher man einen Fehler erkennt, umso leichter kann man ihn noch beheben und umso geringer sind die Fehlerkosten. Andererseits verursacht jeder Kontrollvorgang Prüfkosten und beansprucht auch wertvolle Zeit. Es ist daher genau zu überlegen, in welchen Phasen des Wertschöpfungsprozesses eine Qualitätskontrolle durchgeführt werden soll.

Prüfzeitpunkt	Vor allem dann sinnvoll, wenn …	Beispiele
Eingangskontrolle	… die Materialbeschaffenheit die Qualität des Endproduktes maßgeblich beeinflusst.	Leder für die Schuhproduktion
	… materialbedingte Fehler zu hohen Fehlerkosten führen würden.	Motoren für den Flugzeugbau
Zwischenkontrolle	… die betreffende Fertigungsstufe die Qualität des Endproduktes maßgeblich beeinflusst.	Kugellagerlaufringe werden auf Durchmesser geprüft.
	… unerkannte Fertigungsfehler zu hohen Folgekosten führen würden.	Dichtheitsprüfung von Druckventilen für Kraftwerksanlagen
Endkontrolle	… das Endprodukt aus einer Vielzahl verschiedener Bauteile/Baugruppen besteht.	Automobilindustrie, Computer

Beispiel: Eingangskontrolle
Eine Schuhfabrik bezieht Leder als wichtigsten Grundstoff für die Schuhproduktion. Die Qualität des Leders ist für die Qualität der Schuhe von entscheidender Bedeutung. Das angelieferte Leder wird deshalb einer Qualitätskontrolle unterzogen, bevor es verarbeitet wird.

Beispiel: Zwischenkontrolle
Bei der Produktion von Waschmaschinen werden Trommeln in die Waschmaschine eingebaut. Bevor die nächsten Teile montiert werden, wird geprüft, ob sich die Trommeln einwandfrei drehen. Würde sich erst bei der Endkontrolle herausstellen, dass die Trommel nicht fehlerfrei funktioniert, müsste die Waschmaschine wieder auseinandergebaut werden.

Beispiel: Endkontrolle
Ein Computerhersteller bezieht alle Komponenten von externen Lieferern. Auch wenn die einzelnen Komponenten bereits geprüft wurden, kann es bei der Montage und Installation immer noch zu Fehlern kommen, die erst durch eine Endkontrolle aufgedeckt werden können.

2. In welchem Umfang soll kontrolliert werden? Totalkontrolle oder Stichprobenkontrolle?

Die Vor- und Nachteile der Total- bzw. Stichprobenkontrolle sind gegeneinander abzuwägen:

Prüfumfang	Vorteil	Nachteil	Anwendung
Totalkontrolle	Gewissheit im Hinblick auf die Qualität (alle Teile werden geprüft)	hoher Zeitaufwand und hohe Prüfkosten	• Einzel- und Kleinserienfertigung • sicherheitsrelevante Teile (z. B. Motoren)
Stichprobenkontrolle	geringerer Zeitaufwand und geringere Prüfkosten	keine absolut verlässlichen Ergebnisse (nur ein Teil der Gesamtmenge wird geprüft)	• Großserien- und Massenfertigung (z. B. Schrauben), Chargenfertigung, Partiefertigung • wenn die Prüfung mit Zerstörung des Erzeugnisses verbunden ist (z. B. Lebensmittel)

Beispiel: Stichprobenkontrolle
In einer Werkzeugfabrik werden keramische Schneidkörper in großen Serien hergestellt. Die Kontrolle jedes einzelnen Schneidkörpers wäre mit einem unverhältnismäßig großen Aufwand verbunden. Es erfolgt stattdessen eine Stichprobenkontrolle für jedes Fertigungslos. Nur bei Überschreitung einer bestimmten Toleranzgrenze wird eine Totalkontrolle des Fertigungsloses durchgeführt.

Beispiel: Totalkontrolle
Ein Hersteller medizintechnischer Geräte baut Röntgengeräte. Da fehlerhafte Röntgengeräte schwerwiegende Folgen für die Patienten haben können, wird jedes einzelne Gerät vor der Auslieferung einer intensiven Prüfung im Werk unterzogen.

3. Welchen Beitrag leistet CAQ zur Qualitätskontrolle?

Moderne Industriebetriebe arbeiten häufig mit vollautomatischen Mess- und Prüfsystemen für Serienbauteile.

Beispiel: vollautomatische Qualitätskontrolle von Laserschweißnähten
In der Karosseriefertigung eines Automobilwerkes werden Karosserieteile mit Lasertechnik zusammengeschweißt. Unmittelbar nach dem Schweißprozess fährt ein robotergesteuerter Messkopf über die Schweißnähte und nimmt Bilder auf. Ein vorprogrammierter Bildverarbeitungsrechner wertet die aufgenomme-

nen Bilder aus, erkannte Fehler werden farbig gekennzeichnet und am Bildschirm angezeigt. Die so gewonnenen Fehlerdaten werden an die betreffenden Arbeitsplätze für die Nacharbeit übertragen. Alle Fehler werden vom Rechner gespeichert und eine Fehlerstatistik wird erstellt. Die Fehlerstatistik hilft, notwendige Prozessveränderungen rechtzeitig zu erkennen.

Vorteile:

- geringerer Zeitaufwand
- geringerer Personalaufwand
- Ermöglichung einer 100 %-Kontrolle
- höhere Messgenauigkeit
- schnelle Speicherung, Übertragung und Auswertung der Fehlerdaten.

C Wie kann man Qualität sichern bzw. verbessern?

Beispiel: Obwohl die Frankenrad GmbH eine aufwendige Qualitätskontrolle in der Fertigung betreibt, führte eine Händlerbefragung zu der Erkenntnis, dass viele Kunden nicht mehr mit der Qualität der von der Frankenrad GmbH produzierten Fahrräder zufrieden sind. Dies lässt sich unter anderem auch durch die relativ hohe Zahl an Kundenreklamationen, die bei den Händlern eingehen, belegen.

1. Welche Maßnahmen können zur Qualitätssicherung beitragen?

Die reine Qualitätskontrolle reicht offensichtlich nicht aus, um die geforderte Qualität zu gewährleisten. Die Frankenrad GmbH könnte beispielsweise folgende Instrumente einsetzen:

a) **Reklamationsmanagement:** Die eingehenden Reklamationen werden in einem Call-Center systematisch erfasst, dokumentiert und umgehend an die zuständigen Abteilungen weitergeleitet.

b) **Qualitätszirkel:** Mitarbeiter aus der Entwicklung, Produktion, dem Vertrieb und dem Einkauf treffen sich regelmäßig, um Qualitätsprobleme zu analysieren und gemeinsam Lösungen zu erarbeiten.

c) **Null-Fehler-Programm:** In der Fertigung werden Qualitätsprämien auf die Unterschreitung bestimmter Fehlerquoten eingeführt. Die Mitarbeiter erhalten systematisch qualitätsrelevante Schulungen. Mit den wichtigsten Lieferanten werden sog. „Nullfehlerverträge“ abgeschlossen.

2. Was gehört zu einem QM-System?

Beispiel: Die Frankenrad GmbH entschließt sich zur Einführung eines Qualitätsmanagementsystems. Dabei orientiert sie sich an den acht Grundsätzen des QM nach der DIN EN ISO 9001.

1. Kundenorientierung:

Um die Anforderungen der Kunden an die Produktqualität herauszufinden, führt die Frankenrad GmbH standardisierte Kunden- und Händlerbefragungen durch. Ferner werden die bei den Händlern eingehenden Reklamationen systematisch abgefragt und an die Produktions- und Entwicklungsabteilung der Frankenrad GmbH weitergeleitet. Fehler im Fertigungsprozess oder der

Konstruktion können somit aufgedeckt und notwendige Maßnahmen eingeleitet werden.

2. Führung:

Die Führungskräfte der einzelnen Abteilungen werden an der Erreichung von Qualitätszielen gemessen. Die Führungskräfte wiederum treffen in Mitarbeitergesprächen Zielvereinbarungen mit den Arbeitnehmern, die auch Qualitätsziele enthalten sollen.

3. Engagement von Personen:

Durch die Einführung eines Verbesserungsvorschlagswesens soll das Ideenpotenzial der Mitarbeiter stärker genutzt werden. Die Mitarbeiter erhalten Prämien für eingereichte Verbesserungsvorschläge und werden prozentual am wirtschaftlichen Nutzen ihres Vorschlags beteiligt.

4. Prozessorientierter Ansatz:

Nicht mehr die Qualität der Endprodukte steht im Vordergrund, sondern vielmehr die Qualität der Prozesse, die letztlich zum Endprodukt führen. Aus diesem Grund werden für alle qualitätsrelevanten Prozesse Fehlerquoten ermittelt und Fehleranalysen erstellt.

5. Verbesserung:

Der KVP wird zum einen durch das Verbesserungsvorschlagswesen unterstützt. Ferner wird jede Arbeitsgruppe bzw. Abteilung in der Fertigung an Qualitätskennzahlen gemessen, wobei die Zielvorgaben systematisch angehoben werden. Die Erreichung der Qualitätsziele wird beim Entgelt mit Qualitätsprämien belohnt.

6. Faktengestützte Entscheidungsfindung:

Statistisches Zahlenmaterial soll Grundlage für Qualitätsmaßnahmen sein. Die Frankenrad GmbH orientiert sich dabei an der Six-Sigma-Methodik.

7. Beziehungsmanagement:

Die Frankenrad GmbH strebt mit den wichtigsten Lieferanten eine enge und längerfristige Kooperation an. Dabei steht der gegenseitige Knowhow-Transfer sowie die Einbeziehung der Lieferanten in das Qualitätsmanagement der Frankenrad GmbH im Vordergrund. Die Entwicklung neuer Fahrradmodelle erfolgt gemeinsam mit den Hauptlieferanten.

3. Zertifizierung von Qualitätsmanagement-Systemen:

Beispiel: Die Frankenrad GmbH möchte ihr Qualitätsmanagement-System nach DIN EN ISO 9001 zertifizieren lassen.

a) Wer führt die Zertifizierung durch?

Um eine Zertifizierung zu erhalten, muss die Frankenrad GmbH einen unabhängigen Dritten (z. B. TÜV, DQS etc.) beauftragen.

b) Wie läuft die Zertifizierung ab?

Schritt 1: Audit

Die unabhängige Zertifizierungsstelle prüft die Erfüllung der Normanforderungen in Form eines Audit, bei dem das Qualitätsmanagement-System vor Ort begutachtet wird. Als Hilfsmittel dienen hierbei:

- Begehungen, Besichtigungen
- Interviews mit Mitarbeitern und Führungskräften
- Einsichtnahme in Unterlagen.

Schritt 2: Systembewertung

Die gesammelten Informationen werden durch die Zertifizierungsstelle ausgewertet. In einem Abschlussgespräch werden der Frankenrad GmbH Stärken, Schwächen und Entwicklungspotenziale aufgezeigt sowie Maßnahmenpläne vereinbart. Das Ergebnis der Begutachtung wird in einem schriftlichen Bericht festgehalten.

Schritt 3: Zertifikatserteilung

Bei einer erfolgreichen Bewertung wird der Frankenrad GmbH ein Zertifikat erteilt, das bestätigt, dass die Frankenrad GmbH die Anforderungen der DIN EN ISO 9001 erfüllt.

Die Gültigkeit des Zertifikats ist zeitlich begrenzt! Vor Ablauf der Gültigkeitsdauer muss daher eine neue umfassende Prüfung und Bewertung des QM-Systems erfolgen.

c) Welchen Nutzen bringt eine Zertifizierung?

⇒ Steigerung der Produkt- und Prozessqualität

⇒ Imageverbesserung durch Nachweis eines international anerkannten Qualitätsstandards

⇒ Transparente und dokumentierte Prozessabläufe erleichtern die Fehleranalyse und -beseitigung

D Welche Folgen hat mangelhafte Qualität?

1. Rechtliche Folgen

Bei den rechtlichen Folgen mangelhafter Qualität sind drei verschiedene Anspruchsgrundlagen zu berücksichtigen:

Liegt ein Sachmangel gemäß BGB vor?	Wurde eine über die gesetzliche Mängelhaftung hinausgehende Garantie gegeben?	Ist durch einen Produktfehler ein Schaden an einer anderen Sache oder an einem Menschen entstanden?
⇓ ja	⇓ ja	⇓ ja
Ansprüche aus gesetzlicher Mängelhaftung (siehe Trainingsmodul Rechtliche Grundlagen und Vertragsrecht (WiSo 2) Kapitel „Leistungsstörungen“)	Ansprüche gemäß Kaufvertrag bzw. AGB	Ansprüche nach dem Produkthaftungsgesetz

Schäden an der mangelhaften Sache selbst werden durch die gesetzliche Mängelhaftung gemäß BGB, nicht jedoch durch das Produkthaftungsgesetz geregelt.

Beispiel: Der Händler „Fahrradladen Müller e. K." bezieht am 10. März 2020 Fahrräder von der Frankenrad GmbH. Noch am gleichen Tag kauft Timo Eckert ein Rennrad aus dieser Lieferung beim Fahrradladen Müller e. K. Die Frankenrad GmbH gibt 5 Jahre Garantie auf den Rahmen; bei Bruch des Rahmens innerhalb dieser Zeit hat der Kunde Anspruch auf einen neuen Rahmen. Was zu diesem Zeitpunkt niemand weiß: Der Rahmen des Rennrads weist eine mangelhafte Schweißnaht auf.

	Gesetzliche Mängelhaftung	Garantie	Produkthaftung
Verjährung	10. März 2022 (2 Jahre nach Kauf)	Ende der Garantiezeit: 10. März 2025 (5 Jahre nach Kauf)	spätestens am 10. März 2030 (10 Jahre nach Inverkehrbringung)
1. Fall: Der Rahmen des Rennrads bricht noch im gleichen Jahr. Es ist darüber hinaus am Fahrrad kein weiterer Schaden entstanden.	**Anspruch auf Nacherfüllung (vorrangig) bzw. Rücktritt vom Vertrag (nachrangig)**	**gemäß Garantievereinbarung: Anspruch auf neuen Rahmen**	kein Anspruch, da kein Folgeschaden
2. Fall: Der Rahmen des Rennrads bricht am 20. April 2022 (kein weiterer Schaden).	kein Anspruch, da Verjährung	**gemäß Garantievereinbarung: Anspruch auf neuen Rahmen**	kein Anspruch, da kein Folgeschaden
3. Fall: Der Rahmen des Rennrads bricht am 25. August 2026. Timo Eckert stürzt und erleidet einen Beinbruch.	kein Anspruch, da Verjährung	kein Anspruch, da Garantiezeit abgelaufen	**Anspruch auf Schadensersatz (Krankenhauskosten, Schmerzensgeld etc.) Ansprüche verjähren nach 3 Jahren.**

2. Wirtschaftliche Folgen

Neben den rechtlich fundierten Schadensersatzansprüchen und Vertragsstrafen können sich weitere wirtschaftliche Nachteile ergeben:

- Nacharbeitskosten
- höhere Materialkosten durch Ausschuss
- Maschinenausfall und damit verbunden Produktivitätseinbußen
- Imageverlust und damit verbunden Umsatzeinbußen.

So trainiere ich für die Prüfung

Aufgaben

1. Wissensfragen

1.1 Lernfragen

1. Unterscheiden Sie die Begriffe Qualitätskontrolle, Qualitätssicherung und Qualitätsmanagement.

2. Welche Arten der Qualitätskontrolle lassen sich nach dem Kontrollzeitpunkt unterscheiden?

3. Erklären Sie den Unterschied zwischen einer Stichproben- und einer Totalkontrolle.

4. Führen Sie drei Maßnahmen zur Qualitätssicherung an.

5. Nennen Sie vier der acht Grundsätze des Qualitätsmanagement gemäß der DIN EN ISO 9001.

6. Führen Sie drei Qualitätskennzahlen an.

7. Unterscheiden Sie die Begriffe gesetzliche Mängelhaftung, Garantie und Produkthaftung.

8. Nennen Sie vier Beispiele für Fehlerkosten.

1.2 Mehrfachauswahl

1. Welche Aussage zur Qualitätssicherung ist richtig?

   a) Im Gegensatz zur reinen Qualitätskontrolle setzt die Qualitätssicherung erst bei der Qualität der Endprodukte an.

   b) Im Vordergrund steht bei der Qualitätssicherung das Erkennen von Fehlern und Aussortieren fehlerhafter Teile.

   c) Im Gegensatz zur reinen Qualitätskontrolle setzt die Qualitätssicherung bereits bei der Fehlerverhütung an.

   d) Die DIN EN ISO 9001 enthält die acht Grundsätze der Qualitätssicherung.

   e) Qualitätssicherung und Qualitätskontrolle sind von ihrer Bedeutung her identische Begriffe.

2. Welche Aussage zur Ausschussquote ist richtig?

   a) Die Ausschussquote setzt die unbrauchbaren Teile (Ausschussteile) ins Verhältnis zu den Gutstücken.

   b) Die Ausschussquote sagt aus, wie viel Prozent der gesamten Kundenbestellungen wegen Fehlerhaftigkeit reklamiert wurden.

c) Die Ausschussquote sagt aus, wie viel Prozent der Teile bereits im ersten Prozessdurchlauf korrekt sind und keine Nacharbeit erfordern.

d) Die Ausschussquote gibt an, wie viel Prozent aller hergestellten Teile fehlerhaft sind.

e) Die Ausschussquote setzt die Ausbringungsmenge ins Verhältnis zu den Arbeitsstunden.

3. In welchen Fällen handelt es sich um Grundsätze des Qualitätsmanagement gemäß DIN EN ISO 9001?

a) Einheitlichkeit der Leitung
b) Prozessorientierung
c) Gewinnmaximierung
d) Kundenorientierung
e) Lieferantenpreise drücken
f) Shareholder Value
g) Lieferantenbeziehungen zum gegenseitigen Nutzen
h) Verantwortlichkeit der Führung
i) Marktführerschaft
j) Einbeziehung der Mitarbeiter

4. Ordnen Sie folgende Begriffe aus dem Qualitätsmanagement den entsprechenden Erläuterungen zu.

a) Total Quality Management
b) Six Sigma
c) Kontinuierlicher Verbesserungsprozess
d) EFQM-Modell

Erläuterung	Begriff
Ein ... zielt auf die stetige Verbesserung der Qualität in kleinen Schritten ab.	
Das ... fordert eine regelmäßige Selbstbewertung, mithilfe derer Stärken und Verbesserungspotenziale identifiziert werden sollen.	
Ziel des ... ist ein ganzheitliches Qualitätsbewusstsein auf allen Ebenen des Unternehmens.	
... beschreibt ein statistisches Qualitätsziel, nach dem von einer Million Output-Einheiten 3,4 fehlerhaft sein dürfen.	

5. Ordnen Sie zu, welche rechtliche Grundlage für die Ansprüche des Kunden jeweils infrage kommt.

a) Frau A. kauft eine Waschmaschine von einem Elektroeinzelhändler. Der Hersteller gibt eine 3-jährige Garantie auf die Funktionsfähigkeit der Waschmaschine. Nach 30 Monaten ist die Trommel defekt.

b) Herr B. kauft in einem Elektrofachmarkt ein Kopiergerät für seine Firma. Die Verjährungsfrist für Ansprüche aus Mängelhaftung wurde durch die AGB auf 1 Jahr verkürzt. Nach 15 Monaten weist der Papiereinzug des Kopiergerätes erstmalig einen Defekt auf.

c) Herr C. kauft einen Neuwagen beim Autohändler. Nach 18 Monaten und einer Laufleistung von 30.000 km sind die Reifen abgefahren.

d) Herr D. kauft im Baumarkt eine Motorkettensäge mit einer 3-jährigen Herstellergarantie. Durch eine defekte Kettenbremse erleidet Herr D. 5 Jahre nach dem Kauf eine Verletzung am Arm, die im Krankenhaus behandelt werden muss.

e) Frau E. kauft bei einem Computerhändler einen PC. Die Garantiebedingung lautet: „Die Garantiezeit beträgt drei Jahre. Die Garantieleistung gilt nur für Material- und Fabrikationsfehler, nicht jedoch für Beschädigungen an zerbrechlichen Teilen, z. B. am Gehäuse." Nach 16 Monaten zerbricht das PC-Gehäuse ohne unsachgemäße äußere Einwirkung.

Rechtliche Grundlage	Fall/Fälle
Gesetzliche Mängelhaftung	
Garantie	
Produkthaftung	
Keine der genannten Rechtsgrundlagen	

6. Ordnen Sie zu, um welche Art von Qualitätskontrolle es sich jeweils handelt.

a) Ein Flugzeugbauer bezieht Flugzeugmotoren von einem externen Motorenhersteller. Jeder einzelne Motor wird einer Funktionsprüfung unterzogen, bevor er in die Flugzeuge eingebaut wird.

b) Ein Autohersteller bezieht Zündkerzen von einem Lieferanten. Ein Prüfplan gibt vor, wie viele Zündkerzen der aktuellen Lieferung einer Kontrolle unterzogen werden müssen. Bei Überschreitung bestimmter Toleranzgrenzen, wird die komplette Lieferung zurückgesendet.

c) In einem Fahrradwerk wird jeder Rahmen nach dem Schweißen auf Stabilität geprüft, bevor er lackiert wird.

d) In einer Schokoladenfabrik werden in festgelegten Abständen Proben von Schokoladentafeln für eine mikrobiologische Kontrolle im Labor entnommen.

	Totalkontrolle	Stichprobenkontrolle
Eingangskontrolle		
Zwischenkontrolle		
Endkontrolle		

7. Bringen Sie die folgenden Schritte einer Zertifizierung nach DIN EN ISO 9001 in die richtige Reihenfolge.

Vorgang	Reihenfolge (Ziffer 1 bis 5)
Durchführung einer Begutachtung (Audit) in Form von Mitarbeiterbefragungen und Einsichtnahme in Geschäftsunterlagen	
Beauftragung einer unabhängigen Zertifizierungsgesellschaft	
Auswertung der gesammelten Informationen durch die Zertifizierungsgesellschaft	
Zertifikatserteilung und Abschlussgespräch	
Einführungsgespräch des Auditors mit der Unternehmensleitung	

2. Fallsituationen

2.1 Fall 1

Ein Zulieferbetrieb stellt elektronische Bauteile für die Automobilindustrie her. Insgesamt wurden 3.523.400 Bauteile produziert, von denen 2.120 wegen Fehlerhaftigkeit nachbearbeitet werden mussten. 5.140 Stück mussten während des Produktionsprozesses als unbrauchbar aussortiert werden. Qualitätskontrollen wurden bisher bei den Endprodukten sowie zwischen einzelnen Fertigungsschritten durchgeführt. Ferner erfolgte eine Sichtkontrolle bei der Wareneingangsprüfung.

a) Berechnen Sie die Ausschussquote.

b) Ermitteln Sie die Fehlerquote.

c) Die Produktionsleitung möchte die Ursachen für die Fehler aufdecken. Welche zusätzliche Qualitätskennzahl würden Sie in diesem Zusammenhang einführen? Begründen Sie Ihre Antwort.

d) Eine Fehleranalyse hat ergeben, dass ein erheblicher Teil des Ausschusses materialbedingt ist. Schlagen Sie eine Maßnahme aus dem Bereich der Qualitätskontrolle vor, die den materialbedingten Ausschuss verringern könnte. (Begründung)

e) Die Unternehmensleitung zieht die Einführung eines vollautomatischen Mess- und Prüfsystems für die Qualitätskontrollen in der Produktion in Erwägung. Führen Sie drei Vorteile an, die ein derartiges CAQ-System mit sich bringt.

2.2 Fall 2

Ein Hersteller von medizinischen Geräten möchte eine Zertifizierung nach DIN EN ISO 9001 erlangen.

a) Erläutern Sie zwei Vorteile, die sich die Unternehmensleitung von dieser Maßnahme versprechen könnte.

b) Das Audit ergibt, dass der Grundsatz der Kundenorientierung noch nicht in ausreichendem Maße umgesetzt wurde. Nennen Sie zwei Maßnahmen, die zu einer stärkeren Kundenorientierung führen könnten.

c) Als weiterer Schwachpunkt wurde im Rahmen des Audit die zu geringe Einbeziehung der Mitarbeiter identifiziert. Nennen Sie zwei Maßnahmen, die zu einer stärkeren Einbeziehung der Mitarbeiter in den Qualitätsprozess beitragen könnten.

d) Ebenfalls Handlungsbedarf herrscht im Hinblick auf die Rückverfolgbarkeit der Erzeugnisse. Begründen Sie, warum gerade in dieser Branche die Rückverfolgbarkeit von großer Bedeutung ist.

Lösungen

1. Wissensfragen

1.1 Lernfragen

1. Bei der Qualitätskontrolle wird die Qualität von Produkten geprüft; fehlerhafte Teile sollen erkannt werden. Die Qualitätssicherung umfasst zusätzlich Maßnahmen zur Fehlervermeidung.

Ein Qualitätsmanagement erfordert die Ausrichtung aller Prozesse und der gesamten Organisation auf Qualität.

2. Eingangskontrolle, Zwischenkontrolle, Endkontrolle

3. Stichprobenkontrolle: Nur ein Teil der Gesamtmenge wird überprüft.
Totalkontrolle: Alle Teile werden überprüft.

4. z. B. Qualitätszirkel, CAQ (Computer Aided Quality Assurance), Mitarbeiterschulungen im Rahmen von Null-Fehler-Programmen

5. z. B. Kundenorientierung, Verantwortlichkeit der Führung, Einbeziehung der Mitarbeiter, kontinuierliche Verbesserung

6. z. B. Ausschussquote, Fehlerquote, Reklamationsquote

7. Die gesetzliche Mängelhaftung gemäß BGB tritt ein, wenn eine Kaufssache bzw. ein Werk zum Zeitpunkt des Gefahrenüberganges bzw. zum Zeitpunkt der Abnahme des Werkes einen Mangel aufweist.

Eine Garantie beruht auf einer vertraglichen Vereinbarung und ermöglicht Ansprüche, wenn die durch ein Garantieversprechen zugesicherte Beschaffenheit nicht erfüllt wird.

Die Produkthaftung nach dem Produkthaftungsgesetz tritt ein, wenn durch die Fehlerhaftigkeit der Kaufsache ein Schaden an einer anderen Sache oder an Körper, Leben oder Gesundheit von Menschen entsteht. Im Gegensatz zur gesetzlichen Mängelhaftung bezieht sich die Produkthaftung nicht auf Schäden an der Kaufsache selbst. Gemäß Produkthaftungsgesetz haftet der Hersteller für sein Produkt, während Ansprüche aus gesetzlicher Mängelhaftung an den Verkäufer (z. B. Händler) zu stellen sind.

8. z. B. Nacharbeitskosten, erhöhte Materialkosten (durch Ausschuss), Kosten für Garantieleistungen (Reparaturen), Schadensersatz (aus gesetzlicher Mängelhaftung)

1.2 Mehrfachauswahl

1. c

Qualitätskontrolle bezieht sich auf die Fehlererkennung, Qualitätssicherung hat die Vermeidung von Fehlern als Ziel.

2. a

b) = Reklamationsquote, c) = First Pass Yield, d) = Fehlerquote, e) = Arbeitsproduktivität

3. b, d, g, h, j

4.

Erläuterung	Begriff
Ein … zielt auf die stetige Verbesserung der Qualität in kleinen Schritten ab.	c
Das … fordert eine regelmäßige Selbstbewertung, mithilfe derer Stärken und Verbesserungspotenziale identifiziert werden sollen.	d
Ziel des … ist ein ganzheitliches Qualitätsbewusstsein auf allen Ebenen des Unternehmens.	a
… beschreibt ein statistisches Qualitätsziel, nach dem von einer Million Output-Einheiten 3,4 fehlerhaft sein dürfen.	b

5.

Rechtliche Grundlage	Fall/Fälle:
Gesetzliche Mängelhaftung	**e** (kein Anspruch auf Garantieleistung, aber Anspruch aus Sachmängelhaftung, da die gesetzliche Verjährungsfrist von 2 Jahren noch nicht abgelaufen ist)
Garantie	**a** (Fehler noch innerhalb der Garantiezeit)
Produkthaftung	**d** (Verjährung der Produkthaftung erst 10 Jahre nach Kauf bzw. 3 Jahre nach Erkennen des Fehlers)
Keine der genannten Rechtsgrundlagen	**b** (Verjährungsfrist von 1 Jahr abgelaufen) **c** (kein Mangel sondern gewöhnliche Abnutzung)

6.

	Totalkontrolle	Stichprobenkontrolle
Eingangskontrolle	**a**	**b**
Zwischenkontrolle	**c**	
Endkontrolle		**d**

7.

Vorgang	Reihenfolge (Ziffer 1 bis 5)
Durchführung einer Begutachtung (Audit) in Form von Mitarbeiterbefragungen und Einsichtnahme in Geschäftsunterlagen	**3**
Beauftragung einer unabhängigen Zertifizierungsgesellschaft	**1**
Auswertung der gesammelten Informationen durch die Zertifizierungsgesellschaft	**4**
Zertifikatserteilung und Abschlussgespräch	**5**
Einführungsgespräch des Auditors mit der Unternehmensleitung	**2**

2. Fallsituationen

2.1 Fall 1

A

a)

$$\text{Ausschussquote} = \frac{\text{Ausschussmenge}}{\text{Gesamtzahl der Teile}} \cdot 100\,\%$$

$$= \frac{5.140 \text{ Stk.}}{3.523.400 \text{ Stk.}} \cdot 100\,\% = \mathbf{0{,}15\,\%}$$

A

b)

$$\text{Fehlerquote} = \frac{\text{Fehlerhafte Teile}}{\text{Gesamtzahl der Teile}} \cdot 100\,\%$$

$$= \frac{(2.120 \text{ Stk.} + 5.140 \text{ Stk.})}{3.523.400 \text{ Stk.}} \cdot 100\,\% = \mathbf{0{,}21\,\%}$$

c)

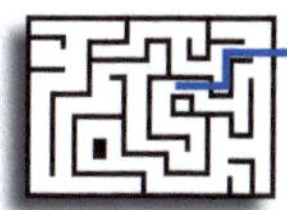

z. B. First Pass Yield (FPY)

Der FPY gibt an, wie viel Prozent der Teile bereits im ersten Prozessdurchlauf korrekt sind und keine Nacharbeit erfordern. Erhebt man für jede Fertigungsstufe den FPY, kann man erkennen, in welchen Fertigungsstufen die Fehlerquellen liegen.

A

d)

z. B. Funktionskontrolle der eingehenden Fremdbauteile

Bisher wurde die Eingangskontrolle als reine Sichtkontrolle durchgeführt. Gerade bei elektronischen Bauteilen lassen sich Fehler häufig nur durch einen Funktionstest erkennen. Die Lösung könnte z. B. darin bestehen, dass eingehende Teile stichprobenartig einem Funktionstest unterzogen werden. Bei der Überschreitung vorher vereinbarter Toleranzgrenzen, wird die gesamte Lieferung zurückgesendet.

B

e)

z. B.

Ermöglichung einer 100 %-Kontrolle
Höhere Messgenauigkeit
Schnelle Speicherung, Übertragung und Auswertung der Fehlerdaten

B

2.2 Fall 2

a)

1. Der Nachweis eines international anerkannten Qualitätsstandards stärkt das Image des Unternehmens auf dem Absatzmarkt.

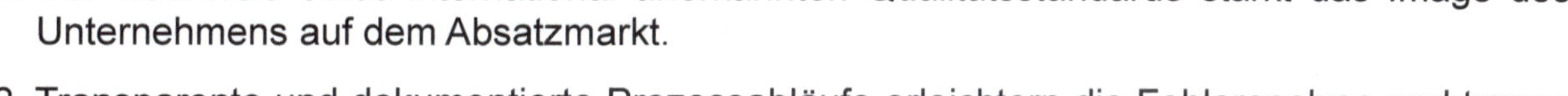

2. Transparente und dokumentierte Prozessabläufe erleichtern die Fehleranalyse und tragen somit zur Fehlervermeidung bei.

C

b)

Maßnahme 1: Ärzte werden in den Produktentwicklungsprozess einbezogen und nehmen z. B. an Produkttests teil.

Maßnahme 2: Es werden regelmäßig Kundenbefragungen über die Produktqualität durchgeführt.

C

c)

Maßnahme 1: Es wird ein Verbesserungsvorschlagswesen eingeführt.

Maßnahme 2: In Zielvereinbarungsgesprächen werden die Mitarbeiter dazu motiviert, sich Qualitätsziele zu setzen.

C

d)

Gerade im Bereich der Medizintechnik können Produktfehler schwerwiegende Folgen für Leben und Gesundheit von Menschen haben. Um die für die Fehler verantwortlichen Hersteller identifizieren zu können, ist eine Rückverfolgung fehlerhafter Geräte bzw. Bauteile erforderlich. Dies trägt zu einer konsequenten Produkthaftung bei und macht es leichter, gefährliche Erzeugnisse vom Markt zu nehmen.

D

2. Rationalisierung

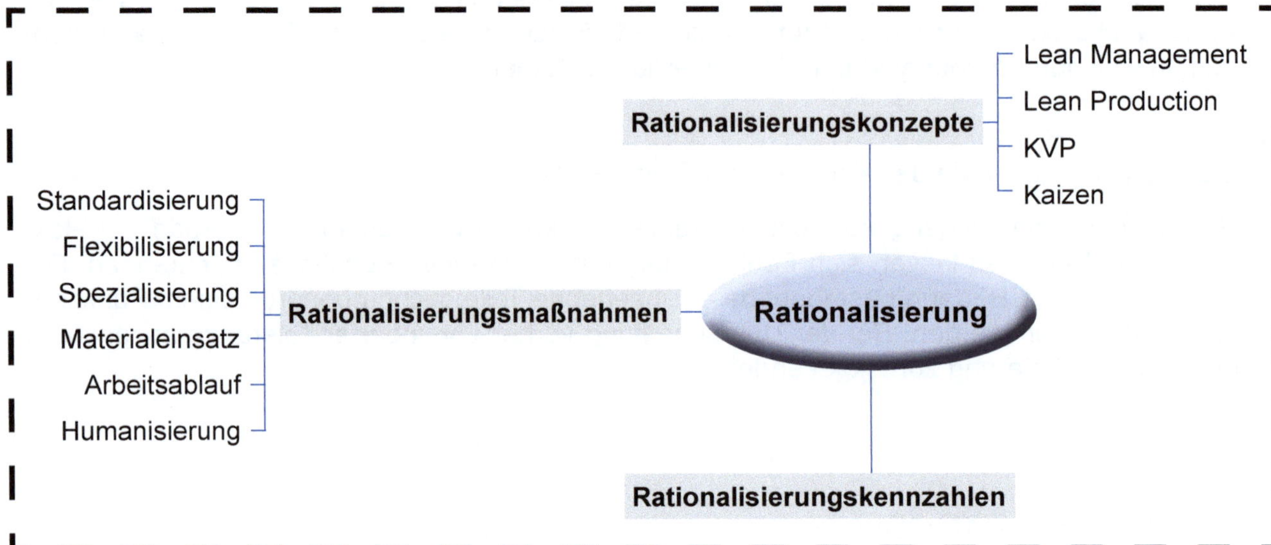

Was muss ich für die Prüfung wissen?

2.1 Rationalisierung – Begriffsdefinition

Rationalisierung ist die Gestaltung der betrieblichen Verhältnisse mit dem Ziel, Produktivität und Wirtschaftlichkeit zu steigern.

2.2 6-Stufen-Modell der Rationalisierung nach REFA*

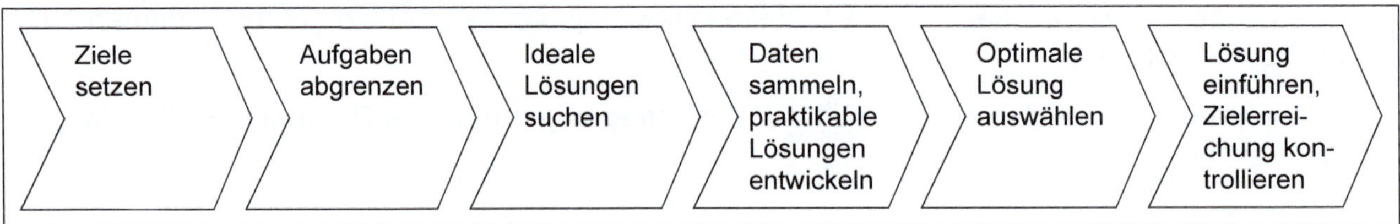

2.3 Rationalisierungskonzepte

Lean Management (Schlankes Management)

Das „schlanke" Management ist gekennzeichnet durch schlanke Unternehmensführung und flache Hierarchien. Alle Abläufe im Unternehmen werden auf ihren Beitrag zur Wertschöpfung untersucht und gegebenenfalls verbessert. Das Hauptanliegen des „Schlankheitsdenkens" besteht in der Vermeidung von Verschwendung und der Konzentration auf das „Wertsteigernde". Diese Ziele können in einem kontinuierlichen Verbesserungsprozess (KVP) angestrebt werden.

* REFA-Verband für Arbeitsgestaltung, Betriebsorganisation und Unternehmensentwicklung e. V. (ehemals „Reichsausschuss für Arbeitszeitermittlung")

Lean Production (Schlanke Produktion)
Die Produktion soll durch die Vermeidung jeglicher Art von Verschwendung optimiert werden. Hierzu soll u. a. ein kontinuierlicher Verbesserungsprozess (KVP) beitragen.

Lean Administration (Schlanke Verwaltung)
Hierbei wird das Lean-Management-Konzept auf Verwaltungsprozesse bezogen.

Kaizen
Kaizen (jap. kai = ändern; zen = das Gute; wörtl. Verbesserung)

Kaizen ist die ständige Verbesserung in kleinen Schritten. Der aktuelle Zustand wird jeweils als der schlechteste betrachtet und muss verbessert werden. Kaizen beruht auf den sog. „5 S", die an jedem Arbeitsplatz konsequent umgesetzt werden sollen:

- Seiri (Strukturieren, d. h. Aussortieren)
- Seiton (Systematisierung, d. h. Ordnung schaffen)
- Seiso (Reinigung, d. h. Sinn für Sauberkeit)
- Seiketsu (Standardisierung, d. h. Standards setzen)
- Shitsuke (Selbstdisziplin, d. h. Disziplin halten)

Kontinuierlicher Verbesserungsprozess (KVP)
Der KVP ist ein in Anlehnung an das Prinzip des Kaizen entwickeltes Rationalisierungskonzept. Auch hier sollen positive Veränderungen im Unternehmen stetig durch viele kleine Verbesserungen herbeigeführt werden. Beim KVP-Prozess sollen alle Mitarbeiter ermutigt werden, die Prozesse am eigenen Arbeitsplatz durch Verbesserungsvorschläge zu optimieren. Gruppenarbeit wird im Hinblick auf den KVP als förderlich angesehen.

Hauptanliegen des KVP sind:

- Vermeidung von Verschwendung
- Verkürzung der Durchlaufzeiten
- Steigerung der Produktivität.

Sieben Verschwendungsarten werden unterschieden:

- Überproduktion
- Bestände
- Transport, Verpackung
- Wartezeiten
- Herstellungsprozess (Overprocessing)
- unnötige Bewegung
- auftretende Fehler.

2.4 Rationalisierungsmaßnahmen

Je nachdem, was man mit den Rationalisierungsmaßnahmen erreichen möchte, steht ein Katalog verschiedener Maßnahmen zur Verfügung:

Standardisierung	
Normung	Vereinheitlichung von Einzelteilen
Typung	Vereinheitlichung von Fertigerzeugnissen
Baukastensystem	Durch Kombination von standardisierten Bausteinen/Baugruppen können verschiedene Endprodukte hergestellt werden.
Montagegerechte Produktentwicklung	Einsparung von Montagezeit/-kosten durch montagefreundliche Konstruktion

Spezialisierung/Konzentration	
Produktspezialisierung	Beschränkung des Fertigungsprogramms auf wenige Produktarten
Outsourcing	Ausgliederung/Fremdvergabe von Arbeitsgängen (Verringerung der Fertigungstiefe)

Materialeinsatz reduzieren	
Design to Cost	Kostenorientierte Produktentwicklung (u. a. im Hinblick auf kostengünstige Materialien)
Recycling	Wiederverwertung von Stoffen, die im Fertigungsprozess als Abfall anfallen

Materialfluss und Bestände optimieren	
Just in time	Fertigungssynchrone Belieferung
Kanban	Pull-Prinzip: Die nachgelagerte Fertigungsstufe steuert die vorgelagerte.
Konsignationslager	Der Lieferer stellt Material beim Kunden auf eigene Kosten zur bedarfsweisen Entnahme bereit. Die Berechnung erfolgt erst nach Entnahme bzw. Verarbeitung.
One-Piece-Flow	Jedes einzelne Werkstück durchläuft die Fertigung ohne Zwischenlagerung (Losgröße = 1).

Arbeitsablauf optimieren	
Automatisierung	Ersatz menschlicher Arbeitskraft durch selbstständig arbeitende Maschinen (Roboter ...)
Arbeitsteilung	Spezialisierung der Arbeiter auf bestimmte Tätigkeiten
Offline-Programmierung	CNC-Maschinen werden offline für den nächsten Fertigungsauftrag programmiert.
Online-Fehlerbehebung	Störungen/Fehler bei Maschinen werden online durch Hersteller behoben.

Flexibilisierung	
Flexible Arbeitszeiten	Anpassung der Arbeitszeit an die Auftragslage
Flexible Fertigungsverfahren	Einsatz flexibler Maschinen bzw. Fertigungssysteme, die zur Bearbeitung unterschiedlicher Produkte geeignet sind

Humanisierung der Arbeit	
Jobenlargement	Erweiterung um vor- oder nachgelagerte Arbeitsgänge
Jobenrichment	Anreicherung der Arbeit (mehr Verantwortung, Gestaltungsspielraum)
Jobrotation	Arbeitsplatzwechsel/-tausch
Teilautonome Arbeitsgruppen	Eine Arbeitsgruppe erledigt eine mehrstufige Aufgabe in eigener Regie.
Ergonomische Arbeitsplatzgestaltung	Anpassung des Arbeitsplatzes an den Menschen

2.5 Rationalisierungskennzahlen

Kapazitätskennzahlen	
Kapazität	Maximale Ausbringungsmenge bzw. Arbeits-/Maschinenstunden
Beschäftigungsgrad (Auslastung)	(Tatsächliche Ausbringungsmenge : max. Ausbringungsmenge) · 100 %

Produktivitätskennzahlen	
Arbeitsproduktivität	Ausbringungsmenge : Arbeitsstunden bzw. Ausbringungsmenge : Mitarbeiterzahl
Maschinenproduktivität	Ausbringungsmenge : Maschinenstunden
Kapitalproduktivität	Output : Kapitaleinsatz

Logistik	
Umschlagshäufigkeit	Jahresverbrauch : durchschnittl. Lagerbestand
Lieferbereitschaftsgrad	(Anzahl der termingerechten Lieferungen : Gesamtanzahl an Bedarfsanforderungen) · 100 %
Lagerzinsen	Durchschnittl. Lagerbestand (Wert) · Lagerzinssatz

Zeitersparnis	
Durchlaufzeit	(siehe Kapitel III/1.3 Fertigungsplanung)
Rüstzeit	(siehe Kapitel III/1.3 Fertigungsplanung)
Liegezeit	(siehe Kapitel III/1.3 Fertigungsplanung)

Maschinennutzung	
Maschinennutzungsgrad	(Maschinenlaufzeit : Betriebszeit) · 100 %
Zeitverlustquote	(Störzeit : gesamte Fertigungszeit) · 100 %

Materialverlust	
Abfallquote	(Abfallmenge : Materialeinsatz) · 100 %

2.6 Qualitätskennzahlen

Qualitätskennzahlen
siehe Kapitel IV/1. Qualitätsmanagement

Was erwartet mich in der Prüfung?

1. Das Lernlabyrinth

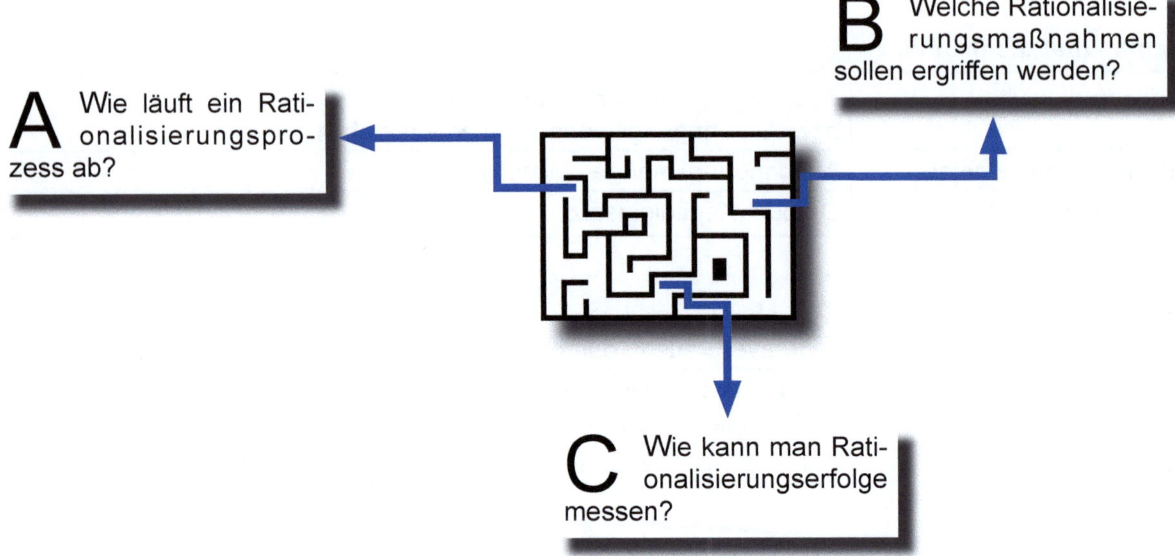

2. Wege aus dem Labyrinth

A Wie läuft ein Rationalisierungsprozess ab?

Ausgangssituation: Die Serienfertigung eines Industriebetriebes weist folgende Probleme auf:

- Es passieren viele Fehler und es fällt viel Ausschuss an.
- Die Durchlaufzeit für Fertigungsaufträge ist sehr lang.
- Die Herstellkosten sind sehr hoch.

Ihre Aufgabe: Sie sollen ein in sich stimmiges Rationalisierungskonzept entwickeln. Als Hilfsmittel können Sie das 6-Stufen-Modell nach REFA heranziehen:

1. Stufe: Ziele setzen
Konkrete und messbare Ziele werden gesetzt.

Beispiele:

- Senkung der Herstellkosten um 10 %
- Verkürzung der Durchlaufzeit um 20 %
- Verringerung der Ausschussquote um 50 %.

Rationalisierung wird fälschlicherweise oft mit Personalabbau und reinen Kosteneinsparungen gleichgesetzt! Rationalisierung kann aber auch andere Ziele verfolgen (z. B. Optimierung von Arbeitsabläufen, ergonomische Arbeitsplatzgestaltung etc.)

2. Stufe: Aufgabe abgrenzen

Konkrete Objekte und Prozesse werden benannt: z. B. Optimierung der Arbeitsabläufe in der Endmontage für das Produkt XY.

3. Stufe: Ideale Lösungen suchen

Es wird nach möglichen Lösungsansätzen gesucht. Dabei kommen häufig Kreativitätstechniken (z. B. Brainstorming) zum Einsatz.

Mögliche Lösungsvorschläge könnten z. B. sein:

- Bildung von teilautonomen Arbeitsgruppen
- Anordnung der Maschinen nach dem Fließprinzip
- Einführung eines Baukastensystems etc.

4. Stufe: Daten sammeln, praktikable Lösungen entwickeln

Von den Lösungsansätzen werden einige wenige (i. d. R. mindestens zwei) weiterverfolgt und zu konkreten Maßnahmen ausgearbeitet.

Beispiel: Bildung teilautonomer Arbeitsgruppen
Größe und Zusammensetzung der teilautonomen Arbeitsgruppen werden festgelegt. Es werden konkrete Vorschläge ausgearbeitet, wie Jobenlargement, Jobenrichment und Jobrotation innerhalb der Gruppen gestaltet werden können. Ein Entgeltmodell mit Qualitäts-, Zeitersparnisprämien für die Entlohnung der Arbeitsgruppen wird entwickelt.

Analog verfährt man für andere praktikable Lösungsvorschläge.

5. Stufe: Optimale Lösung auswählen

Die beste Lösung wird für die anschließende Umsetzung ausgewählt. Dabei sind die in Stufe 1 festgelegten Ziele zu beachten.

Beispiel: Von den praktikablen Lösungsvorschlägen erwartet man sich nach gründlicher Abwägung von der Einführung teilautonomer Arbeitsgruppen die größten Effekte im Hinblick auf Durchlaufzeitverkürzung, Ausschussverringerung und Herstellkostensenkung. Die Einführung teilautonomer Arbeitsgruppen wird deshalb als optimale Lösung ausgewählt.

6. Stufe: Lösung einführen, Zielerreichung kontrollieren

Die für die Lösung erforderlichen Maßnahmen werden durchgeführt. Es erfolgt eine kontinuierliche Überwachung, inwieweit die in Stufe 1 festgelegten Ziele erreicht werden. Notwendige Korrekturmaßnahmen sind ggf. einzuleiten.

Beispiel: Die teilautonomen Arbeitsgruppen sollen nun in der Endmontage eingeführt werden. Die betroffenen Mitarbeiter müssen informiert und bei Bedarf geschult, der Betriebsrat ggf. bei der Umsetzung dieser Maßnahme einbezogen werden. Die Personalabteilung muss die Entgeltabrechnung an das neue Prämienmodell anpassen etc.

B Welche Rationalisierungsmaßnahmen sollen ergriffen werden?

Bei der Wahl der geeigneten Maßnahmen ist darauf zu achten, dass

a) die Maßnahmen jeweils zu den Zielen passen, die mit der Rationalisierung verfolgt werden, und

b) die verschiedenen Maßnahmen aufeinander abgestimmt sind.

Ein Rationalisierungskonzept besteht letztlich aus einem Bündel verschiedener aufeinander abgestimmter Maßnahmen.

Die verschiedenen Rationalisierungsmaßnahmen dürfen nicht im Widerspruch zueinander stehen!

Beispiel: Es sollen einerseits teilautonome Arbeitsgruppen mit Jobenlargement und Jobrotation eingeführt werden. Andererseits werden aber immer mehr Arbeitsschritte aus der gleichen Fertigungsabteilung ausgelagert, um Kosten zu sparen. Die Möglichkeiten von Jobenlargement und Jobrotation werden dadurch stark eingeschränkt. Die Einführung einer Gruppenprämie hingegen steht im Einklang mit den teilautonomen Arbeitsgruppen.

C Wie kann man Rationalisierungserfolge messen?

Zur Messung von Rationalisierungserfolgen werden Kennzahlen verwendet. Welche Kennzahlen jeweils geeignet sind, hängt davon ab, welche Ziele mit der Maßnahme erreicht werden sollen.

Beispiel: Die Einführung der teilautonomen Arbeitsgruppen in Kombination mit Qualitäts- und Zeitersparnisprämien soll vor allem folgende Ergebnisse bringen:

- höhere Qualität (durch Qualitätsprämien)
- höhere Maschinenlaufzeiten (da jede Arbeitsgruppe für die Wartung der Maschinen selbst verantwortlich ist)
- kürzere Durchlaufzeiten (durch Zeitersparnisprämien).

Demnach können für die Beurteilung des Erfolgs der Maßnahme folgende Kennzahlen herangezogen werden:

Ziele	Kennzahlen
Höhere Qualität	z. B. Ausschussquote, Fehlerquote
Höhere Maschinenlaufzeiten	z. B. Maschinennutzungsgrad, Zeitverlustquote
Kürzere Durchlaufzeiten	z. B. Durchlaufzeit, Rüstzeit

So trainiere ich für die Prüfung

Aufgaben

1. Wissensfragen

1.1 Lernfragen

1. Erläutern Sie, was unter einem KVP zu verstehen ist.

2. Nennen Sie vier Verschwendungsarten, die durch den KVP vermieden werden sollen.

3. Nennen Sie drei Maßnahmen, die zur Standardisierung der Produktion beitragen können.

4. Führen Sie zwei Produktivitätskennzahlen an.

5. Erläutern Sie den Unterschied zwischen Jobenrichment und Jobenlargement.

1.2 Mehrfachauswahl

1. Welche Aussage zur Zielsetzung von Rationalisierungsmaßnahmen ist zutreffend?
   a) Rationalisierungsmaßnahmen sind immer mit dem Abbau von Personal verbunden.
   b) Rationalisierungsmaßnahmen sind nur dann erfolgreich, wenn sie zu Kosteneinsparungen führen.
   c) Rationalisierungsmaßnahmen sollen direkt oder indirekt zur Steigerung der Produktivität und Wirtschaftlichkeit beitragen.
   d) Die ergonomische Arbeitsplatzgestaltung kann kein Ziel von Rationalisierungsmaßnahmen sein.
   e) Zum Ziel der Bestandsminimierung können Rationalisierungsmaßnahmen in der Fertigung nichts beitragen.

2. Welche Aussage zum Kanban-System ist richtig?
   a) Die vorgelagerte Stufe steuert mit ihrer Produktionsmenge die nachgelagerte Stufe.
   b) Das Kanban-System funktioniert nach dem Push-Prinzip.
   c) Beim Kanban-System wird auf Vorrat produziert, damit eine ständige Verfügbarkeit der Teile gewährleistet ist.
   d) Bei Kanban-System steuert die nachgelagerte Fertigungsstufe mit ihrem Bedarf die vorgelagerte Stufe.
   e) Ein Kanban-System fördert den Materialfluss, benötigt aber große Zwischenlager.

3. In welcher Zeile wird Jobenlargement richtig beschrieben?

a) Die Mitarbeiter wechseln regelmäßig den Standort ihres Arbeitsplatzes.

b) Die Arbeit wird um vor- und nachgelagerte Arbeitsschritte erweitert.

c) Einfache Arbeiten werden durch verantwortungsvollere Aufgaben ersetzt.

d) Ein Mitarbeiter wird in mehreren Abteilungen für die gleiche Arbeit eingesetzt.

e) Ein Mitarbeiter nimmt an Umschulungsmaßnahmen teil.

4. Bringen Sie die sechs Stufen der Rationalisierung nach REFA in die richtige Reihenfolge.

Vorgang	Reihenfolge (Ziffer 1 bis 6)
Aufgabe abgrenzen	
Ziele setzen	
Daten sammeln, praktikable Lösungen entwickeln	
Optimale Lösung auswählen	
Ideale Lösungen suchen	
Lösung einführen, Zielerreichung kontrollieren	

5. Ordnen Sie zu, welches Ziel mit der jeweiligen Maßnahme primär erreicht werden soll, und welche Kennzahl zur Messung des Zieles am geeignetsten ist.

Ziele:

a) Materialverbrauch senken
b) Materialfluss beschleunigen
c) Zwischenlagerbestände minimieren
d) Maschinenlaufzeit

Kennzahlen:

a) Maschinennutzungsgrad
b) Lagerzinsen
c) Durchlaufzeit
d) Abfallquote

Maßnahmen:	Ziele:	Kennzahlen:
Einführung eines Kanban-Systems		
Einführung des „One-Piece-Flow"-Systems in der Fertigung		
Recycling von Rohstoffresten aus dem Fertigungsprozess		
Online-Fehlerbehebung bei Maschinenstörungen		

2. Fallsituation

Die Frankenrad GmbH steht in ihrer Produktion vor folgenden Problemen:

- Die Mitarbeiter haben bis jetzt an Einzelarbeitsplätzen gearbeitet und waren jeweils auf bestimmte Tätigkeiten spezialisiert. Eine Mitarbeiterumfrage hat ergeben, dass viele Mitarbeiter ihre Arbeit als eintönig und körperlich einseitig beanspruchend empfinden. Die Krankheitsquote ist überdurchschnittlich hoch. Die Produktivität ist im Vergleich zu den führenden Unternehmen der Branche deutlich geringer.

- Die Durchlaufzeit für die Rahmenfertigung ist wesentlich höher als bei den Branchenführern. Die Maschinen weisen aufgrund von Störungen und Rüstvorgängen verhältnismäßig lange Stillstandszeiten auf.
- In der Produktion haben sich hohe Zwischenlagerbestände angehäuft. Die Teile- und Rahmenfertigung produziert wesentlich mehr als in der Endmontage benötigt wird.

a) Schlagen Sie ein in sich stimmiges Rationalisierungskonzept aus mindestens drei Maßnahmen vor und erläutern Sie den Sinn der einzelnen Maßnahmen.

b) Nennen Sie zu jeder Maßnahme eine Kennzahl, mithilfe derer Sie den Erfolg der Maßnahme beurteilen könnten.

c) Die Frankenrad GmbH hat mittlerweile ein Aktionsprogramm zur Rationalisierung ihrer Rahmenfertigung durchgeführt. Es wird an 300 Tagen pro Jahr gearbeitet. Es stehen folgende Daten zur Verfügung:

	vor Rationalisierung	nach Rationalisierung
Maximale Ausbringungsmenge pro Tag	320 Stück	320 Stück
Tatsächliche Ausbringungsmenge pro Jahr (ohne Ausschussmenge)	82.150 Stück	88.120 Stück
Arbeitsstunden pro Jahr	48.000 Stunden	48.000 Stunden
Maschinenlaufzeit	30.000 Stunden	35.000 Stunden
Betriebszeit der Maschinen	40.000 Stunden	42.000 Stunden
Anzahl der Bedarfsanforderungen pro Jahr	520	530
Anzahl der termingerecht ausgeführten Bedarfsanforderungen	460	510
Ausschussmenge	130 Stück	80 Stück
Jahresverbrauch an Material	480.000 kg	510.000 kg
Abfallmenge an Material	5.000 kg	1.000 kg
Lagerzinssatz	1 %	1 %
Durchschnittl. Lagerbestand	24.000 €	13.000 €

Berechnen Sie folgende Kennzahlen vor und nach der Durchführung der Rationalisierungsmaßnahmen sowie die Veränderung in Prozent (Zunahme = +, Abnahme = -).

Kennzahlen	vor Rationalisierung	nach Rationalisierung	Veränderung in %
Kapazitätsauslastung			
Arbeitsproduktivität			
Lieferbereitschaftsgrad			
Lagerzinsen			
Ausschussquote			
Maschinennutzungsgrad			
Abfallquote			

d) Eine der grundlegendsten Neuerungen des Rationalisierungskonzeptes war die Einführung teilautonomer Arbeitsgruppen in Kombination mit Qualitätsprämien. Erläutern Sie anhand von drei Kennzahlen aus der Tabelle (Aufgabe c), wie sich diese Maßnahme ausgewirkt hat.

Lösungen

1. Wissensfragen

1.1 Lernfragen

1. Durch einen Prozess der ständigen Verbesserung in vielen kleinen Schritten sollen betriebliche Prozesse optimiert werden.

2. z. B. Überproduktion, Bestände, Wartezeiten, unnötige Wege

3. z. B. Normung, Typung, Baukastensystem

4. z. B. Arbeitsproduktivität, Maschinenproduktivität

5. Bei Jobenlargement erhält der Mitarbeiter zusätzliche Arbeitsaufgaben, die sich vom Anspruchsniveau von den bisherigen nicht unterscheiden. Bei Jobenrichment wird die Arbeit mit anspruchsvolleren Aufgaben angereichert (z. B. mehr Verantwortung).

1.2 Mehrfachauswahl

1. c
Rationalisierungsmaßnahmen müssen nicht zwangsweise mit Personalabbau und Kosteneinsparung verbunden sein. Es kann z. B. auch die Ergonomie des Arbeitsplatzes im Vordergrund stehen. Letzten Endes sollen aber alle Maßnahmen zur Steigerung der Produktivität und Wirtschaftlichkeit beitragen.

2. d
Ein Kanban-System funktioniert nach dem Pull-Prinzip. Zwischenlager werden minimiert, da nur bei Bedarf produziert wird.

3. b
Der Mitarbeiter erledigt nun mehr Arbeitsschritte als vorher. Die Arbeitsanforderungen werden jedoch nicht höher.

4.

Vorgang	Reihenfolge (Ziffer 1 bis 6)
Aufgabe abgrenzen	**2**
Ziele setzen	**1**
Daten sammeln, praktikable Lösungen entwickeln	**4**
Optimale Lösung auswählen	**5**
Ideale Lösungen suchen	**3**
Lösung einführen, Zielerreichung kontrollieren	**6**

5.

Maßnahmen:	Ziele:	Kennzahlen:
Einführung eines Kanban-Systems	**c**	**b**
Einführung des „One-Piece-Flow"-Systems in der Fertigung	**b**	**c**
Recycling von Rohstoffresten aus dem Fertigungsprozess	**a**	**d**
Online-Fehlerbehebung bei Maschinenstörungen	**d**	**a**

2. Fallsituation

a)

B

Maßnahme 1: Teilautonome Arbeitsgruppen mit Jobrotation

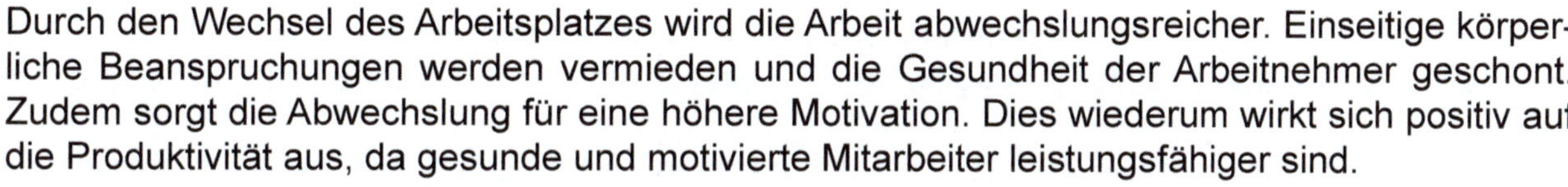

Durch den Wechsel des Arbeitsplatzes wird die Arbeit abwechslungsreicher. Einseitige körperliche Beanspruchungen werden vermieden und die Gesundheit der Arbeitnehmer geschont. Zudem sorgt die Abwechslung für eine höhere Motivation. Dies wiederum wirkt sich positiv auf die Produktivität aus, da gesunde und motivierte Mitarbeiter leistungsfähiger sind.

Maßnahme 2: Entgeltanreize durch Mengenprämien und Zeitersparnisprämien

Die Mitarbeiter erhalten eine Gruppenprämie für eine hohe Produktivität und für die Reduzierung der Maschinenstillstandszeiten. Die Mitarbeiter haben dadurch einen Anreiz, sich um die regelmäßige Wartung und Instandhaltung der Produktionsmaschinen zu kümmern. Die Maschinen fallen weniger oft aus, und es kann mehr produziert werden. Die Durchlaufzeit verkürzt sich, da der Produktionsprozess weniger oft unterbrochen wird.

Maßnahme 3: Kanban-System

In der Produktion wird ein Kanban-System eingeführt. Die Endmontage steuert nach dem Pull-Prinzip mit ihrem Bedarf die Teilefertigung und die Rahmenfertigung. Dadurch wird der Aufbau unnötiger Zwischenlagerbestände vermieden.

b)

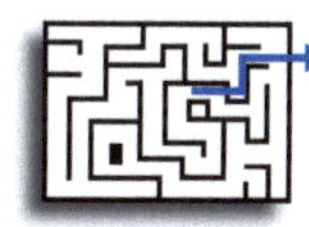

C

Maßnahme 1: z. B. Arbeitsproduktivität (oder Krankheitsquote)

Maßnahme 2: z. B. Maschinennutzungsdauer (oder Maschinenproduktivität, Durchlaufzeit)

Maßnahme 3: z. B. Lagerzinsen (oder durchschnittlicher Lagerbestand, Bestandsreichweite)

c)

C

Kennzahlen	vor Rationalisierung	nach Rationalisierung	Veränderung in %
Kapazitätsauslastung	$\frac{82.150 \text{ Stk.}}{96.000 \text{ Stk.}} \cdot 100\,\% = \mathbf{85{,}57\,\%}$	$\frac{88.120 \text{ Stk.}}{96.000 \text{ Stk.}} \cdot 100\,\% = \mathbf{91{,}79\,\%}$	**+ 7,27 %**
Arbeitsproduktivität	$\frac{82.150 \text{ Stk.}}{48.000 \text{ h}} = \mathbf{1{,}71 \text{ Stk./h}}$	$\frac{88.120 \text{ Stk.}}{48.000 \text{ h}} = \mathbf{1{,}84 \text{ Stk./h}}$	**+ 7,60 %**
Lieferbereitschaftsgrad	$\frac{460}{520} \cdot 100\,\% = \mathbf{88{,}46\,\%}$	$\frac{510}{530} \cdot 100\,\% = \mathbf{96{,}22\,\%}$	**+ 8,77 %**
Lagerzinsen	1 % · 24.000 € = **240 €**	1 % · 13.000 € = **130 €**	**- 45,83 %**

Ausschuss-quote	$\frac{130 \text{ Stk.}}{(82.150 + 130) \text{ Stk.}} \cdot 100\,\% = \mathbf{0{,}16\,\%}$	$\frac{80 \text{ Stk.}}{(88.120 + 80) \text{ Stk.}} \cdot 100\,\% = \mathbf{0{,}09\,\%}$	**- 43,75 %**
Maschinen-nutzungs-grad	$\frac{30.000 \text{ h}}{40.000 \text{ h}} \cdot 100\,\% = \mathbf{75\,\%}$	$\frac{35.000 \text{ h}}{42.000 \text{ h}} \cdot 100\,\% = \mathbf{83{,}33\,\%}$	**+ 11,11 %**
Abfallquote	$\frac{5.000 \text{ kg}}{480.000 \text{ kg}} \cdot 100\,\% = \mathbf{1{,}04\,\%}$	$\frac{1.000 \text{ kg}}{510.000 \text{ kg}} \cdot 100\,\% = \mathbf{0{,}20\,\%}$	**- 80,77 %**

B, C

d)

Ausschussqote: Die Qualitätsprämie hat möglicherweise dazu geführt, dass die Mitarbeiter noch stärker als bisher auf die Qualität geachtet und weniger Ausschuss produziert haben.

Arbeitsproduktivität: Die Eigenverantwortlichkeit der Arbeitsgruppen hat sich möglicherweise positiv auf die Arbeitsleistung ausgewirkt. Es wird bei gleicher Stundenzahl mehr produziert.

Kapazitätsauslastung: Die höhere Produktionsmenge führt bei unveränderter Kapazität zu einer höheren Kapazitätsauslastung.